高等学校经济管理类专业系列教材

企业财务会计基础

主　编　邓如星
副主编　李红云　江周贵　林　青
参　编　冷静薇　聂　嘉　彭淑芳　吴嘉颖
李　想　潘骁哲　彭　琼　刘迎曦
江鸿漩　廖　佳　袁　娟

西安电子科技大学出版社

内 容 简 介

本书以《中华人民共和国会计法》《企业会计准则》《会计基础工作规范》《中华人民共和国增值税暂行条例》等为依据，充分考虑了高职财务会计类专业的特点及就业需求，以会计工作过程为导向、以企业典型业务为背景、以职业岗位技能要求为基础精心编写而成，旨在提升学生的会计理论素养和实际核算能力。

书中内容分为企业和企业会计的基本认知、会计基础理论、会计工作循环三个模块，共包含11个项目。书中的每个项目均设有导入案例，着重培养学生的理论基础和职业能力。本书在阐述专业知识的同时融入了课程思政内容，以引导学生树立正确的价值观。

本书可作为高等职业院校财务会计类专业的教材，也可作为相关技术人员的培训用书。

图书在版编目（CIP）数据

企业财务会计基础 / 邓如星主编 . -- 西安：西安电子科技大学出版社，2023.8
ISBN 978-7-5606-6888-8

Ⅰ. ①企…　Ⅱ. ①邓…　Ⅲ. ①企业管理—财务会计—高等职业教育—教材　Ⅳ. ①F275.2

中国国家版本馆 CIP 数据核字 (2023) 第 080451 号

策　　划　李鹏飞　李　伟
责任编辑　黄薇谚　李鹏飞
出版发行　西安电子科技大学出版社(西安市太白南路 2 号)
电　　话　(029)88202421　88201467　　邮　　编　710071
网　　址　www.xduph.com　　电子邮箱　xdupfxb001@163.com
经　　销　新华书店
印刷单位　陕西精工印务有限公司
版　　次　2023 年 8 月第 1 版　2023 年 8 月第 1 次印刷
开　　本　787 毫米 × 1092 毫米　1/16　印　张　11.5
字　　数　268 千字
印　　数　1～3000 册
定　　价　41.00 元
ISBN 978-7-5606-6888-8 / F
XDUP 7190001-1

前言
Preface

党的二十大报告指出，必须坚持科技是第一生产力、人才是第一资源、创新是第一动力，深入实施科教兴国战略、人才强国战略、创新驱动发展战略，开辟发展新领域新赛道，不断塑造发展新动能新优势。财经会计人才培养教育工作要适应新形势，运用习近平新时代中国特色社会主义思想凝心铸魂，全面落实立德树人根本任务，强化理想信念教育；要聚焦新要求，深入推进学科内涵建设。

《国家职业教育改革实施方案》(以下简称“职教二十条”)提出了“三教”(教师、教材、教法)改革的任务。其中，教材改革是基础，它解决教学系统中“教什么”的问题。“职教二十条”的第九条明确指出“遴选认定一大批职业教育在线精品课程，建设一大批校企‘双元’合作开发的国家规划教材，倡导使用新型活页式、工作手册式教材并配套开发信息化资源。”因此，教材改革一是要关注技术发展带来的变化并在教材内容上体现新技术、新工艺和新规范，突出其应用性与实践性；二是要完善教材的形式，通过添加配套信息化教学资源，将传统的纸质教材转变为“新型活页式、工作手册式教材＋在线课程平台”的新形态一体化教材体系，以满足“互联网＋职业教育”的新需求。

目前，我国进入新的发展阶段，对实现职业教育高质量发展，包括优化专业设置、推动专业升级和进行数字化教学都提出了新的要求。2021年，教育部发布了新版职业教育专业目录，其中高职“会计”专业更名为“大数据与会计”专业。作为大数据与会计专业的基础课程，“企业财务会计基础”急需一本能够体现新时代特色的教材，在此背景下，编者尝试编写了本书。

本书以《中华人民共和国会计法》《企业会计准则》《会计基础工作规范》《中华人民共和国增值税暂行条例》等为依据，结合会计实际工作的需要，在“岗课赛证”全融通的基础上，以会计实务工作为主线，以“加强专业建设和课程改革，提高人才培养质量”的思想为指导进行编写。全书共设计了三个模块。模块一为企业和企业会计的基本认知，介绍了企业的概念、业务环节及会计的基本认知；模块二为会计基础理论，介绍了会计要素与会计等式、会计科目与账户、记账方法和借贷记账法的运用；模块三为会计工作循环，介绍了会计凭证、会计账簿、财产清查、财务报表及账务处理程序。

本书在内容与形式上做了一定的创新。例如，每一个项目设有导入案例，还设置了思考题，并围绕相关任务进行理论学习、案例分析及业务操作。另外，书中的每个实践任务都有详细的操作步骤，以便读者理解和掌握会计的基本方法与操作流程。通过学习本书，读者可以独立完成基本的会计核算工作，并逐渐培养会计思维模式，提高自身分析问题、解决问题的能力。

本书有以下特色：

(1) 教学资源丰富，有利于实现“可视化”和“碎片化”学习。本书配有丰富的教学资源，包括教学大纲、教学进度计划、教学课件、微课视频（扫描书中二维码观看）、习题库等，实现了教学资源的立体化和多样化，为教师和学生的学习提供全面的支持。相关资料可在出版社网站 (http://www.xduph.com) 免费下载。

(2) 紧密结合企业实际，以模块为导向，以任务为驱动，体现了项目化教学的要求。本书以制造业企业的日常经营活动为原型，以会计核算的实际操作为教学内容，全面、系统地介绍了企业财务会计业务的处理流程，体现了财务与业务一体化的管理思想，具有很强的实战性和可操作性。

(3) 每个项目的“学习目标”板块概述了本模块的学习要求，以帮助学生在学习时抓住要点。“导入案例”板块让学生置身于教学情景之中，使其在形象、直观的氛围中参与课堂学习，有利于激发学生的学习兴趣。每个项目末设置了课后思考，旨在增强学生对知识的理解。

本书可作为高职院校基础会计课程的教材，也可作为高等院校非会计专业的教材或教学参考书，还可作为会计人员岗位培训教材或相关财务工作者和经营管理人员的参考书、自学用书。

本书由宜春职业技术学院、宜春学院、江西航天信息有限公司、新道科技股份有限公司共同合作开发完成，邓如星任主编，李红云、江周贵、林青任副主编，冷静薇、聂嘉、彭淑芳、吴嘉颖、李想、潘骁哲、彭琼、刘迎曦、江鸿漩、廖佳和袁娟参与了本书的编写。具体分工为：邓如星负责模块一，李红云、江周贵、彭淑芳和李想负责模块二，邓如星、冷静薇、聂嘉、吴嘉颖和潘骁哲负责模块三；林青和刘迎曦负责微课的录制和习题的编写；江鸿漩和彭琼负责所有图表的设计；新道科技股份有限公司参与了本书的整体设计；江西航天信息有限公司负责提供本书的案例；宜春学院的廖佳和袁娟进行了教材的修改和定稿工作。

本书的编写过程中，编者团队参考了大量文献，在此谨向相关作者表示真诚的谢意。限于作者的水平，加之时间仓促，书中难免存在不足，恳请广大读者提出宝贵的意见和建议，以便我们日后修订和改进。

编　者

2023 年 5 月

目录 Contents

企业和企业会计的基本认知

会计基础理论

会计工作循环

PART 01

企业和企业会计的基本认知

企业财务会计基础

项目一 企业的认知

学习目标

(1) 了解企业的概念、类型。

(2) 掌握企业的主要业务环节。

(3) 理解企业会计工作的组织安排。

(4) 了解财务共享中心的含义、特点与影响。

导入案例

某高职院校会计专业新生李玲来学校报到，她在校内超市购置了一些生活必需品。中午，李玲和父母到学校旁边的饭店吃午饭，其间她询问父母，校内超市和饭店算不算是企业？他们有什么不同呢？他们需不需要会计人员？

任务一 企业概述

党的二十大报告提出，要构建高水平社会主义市场经济体制，建设现代化产业体系。企业作为重要的市场经济主体，它的发展和壮大不仅为社会提供了大量的就业机会，还为国家增加了税费收入，促进了国民经济的发展。

一、企业的含义

企业是指以盈利为目的，运用各种生产要素(土地、劳动力、资本、技术和企业家才能等)，向市场提供商品或服务，实行自主经营、自负盈亏、独立核算的法人或其他社会经济组织。

(一) 企业是社会生产、提供商品和服务的主体

社会生产、提供商品和服务都是由企业来完成的，离开了企业，社会经济活动就无法进行，企业的生产状况和经济效益直接影响着国家经济实力的增长以及人民生活水平的提高。

(二) 企业以盈利为目的

企业不同于政府部门和事业单位，它必须追求经济效益，获得盈利。盈利是企业创造价值的重要组成部分，也是社会对企业所生产的产品和提供的服务的认可和回报。

(三) 企业必须自主经营、自负盈亏

企业能够根据市场需要，独立自主地使用和支配所拥有的资源，并能够对其经济结果独立地享有相应的权益并承担相应的责任。

（四）企业承担着社会责任

企业要满足社会的需要，不仅是满足消费者的需要，还应满足投资者、债权人、供应商、政府等与企业相关者的需要。同时，企业还承担着提供就业机会、保护生态环境、节约资源等社会责任。

二、企业的类型

（一）按行业分类标准划分

企业按照国民经济行业分类标准可分为制造企业、商品流通企业和服务企业等。

1. 制造企业

制造企业是指利用某种资源（物料、能源、设备、工具、资金、技术、信息和人力等），按照市场要求，通过制造过程，将资源转化为可供人们使用和利用的大型工具、工业品与生活消费品的企业。

制造企业包括食品制造企业、服装制造企业、设备制造企业、家具制造企业、医药制造企业、文化娱乐用品制造企业等。

思考：你身边的制造企业有哪些？

2. 商品流通企业

商品流通企业是指通过低价购进商品、高价出售商品的方式实现商品进销差价，以此弥补企业的各项费用和支出，从而获得利润的企业。商品流通企业包括从事商品批发、商品零售或者批发零售兼营的企业。

商品流通企业有三个特点：一是经营活动的主要内容是商品购销；二是商品资产在企业全部资产中占有较大的比例，是企业资产管理的重点；三是企业营运中资金活动的轨迹为“货币——商品——货币”。

3. 服务企业

服务企业是指为政府、事业单位、企业和居民提供各种服务的企业。它为制造企业和商品流通企业提供资金、保险、咨询、技术等服务，为行政事业单位提供技术、培训、通信等服务，为居民提供生活、餐饮、娱乐等服务。

服务企业包括交通运输服务、邮政服务、电信服务、建筑服务、金融服务、生活服务等服务企业。

思考：校内超市和校外饭店分别属于哪种类型的企业呢？

（二）按企业组织形式划分

企业按照组织形式和承担的法律责任可分为个人独资企业、合伙企业和公司制企业。

1. 个人独资企业

个人独资企业是指个人出资经营，归个人所有和控制，由个人承担经营风险和享有全部经营收益，投资人以其个人财产对企业债务承担无限责任的经营实体。

个人独资企业多为小规模的作坊、饭店等。

2. 合伙企业

合伙企业是指由两个或两个以上的合伙人通过订立合伙协议，共同出资经营、共负盈亏、共担风险的企业组织形式。

小贴士

合伙企业分为普通合伙企业和有限合伙企业。

(1) 普通合伙企业由 2 人以上的普通合伙人 (没有上限规定) 组成。

普通合伙企业中，合伙人对合伙企业债务承担无限连带责任。

(2) 有限合伙企业由 2 人以上 50 人以下的普通合伙人和有限合伙人组成，其中普通合伙人和有限合伙人都至少有 1 人。普通合伙人对合伙企业债务承担无限连带责任，有限合伙人以其认缴的出资额为限，对合伙企业债务承担责任。

3. 公司制企业

公司制企业是指按照法律规定，由法定人数以上的投资者 (或股东) 出资建立，自主经营、自负盈亏、具有法人资格的经济组织。

公司制企业所有权和经营权相分离，投资者以出资额为限对公司承担有限责任。我国目前的公司制企业包括有限责任公司和股份有限公司两种形式。

小贴士

有限责任公司，简称有限公司，是指根据《中华人民共和国公司登记管理条例》规定登记注册，由 50 个以下的股东出资设立，每个股东以其所认缴的出资额为限对公司承担有限责任，公司法人以其全部资产对公司债务承担全部责任的经济组织。

有限责任公司的优点是设立程序比较简单，不必发布公告，也不必公布账目，尤其是公司的资产负债表一般不予公开，公司内部机构设置灵活。其缺点是由于不能公开发行股票，所以公司筹集资金的范围和规模一般都比较小，难以适应大规模生产经营活动的需要。因此，有限责任公司 (有限公司) 这种形式一般适于中小型非股份制公司。

股份有限公司是指以公司资本为股份组成的公司，股东是指以其认购的股份为限对公司承担责任的企业法人。

股份有限公司的主要特征包括：公司的资本总额平分为金额相等的股份；公司可以向社会公开发行股票筹资，股票可以依法转让；法律对公司股东人数只有最低限度，无最高额规定；股东以其所认购的股份对公司承担有限责任，公司以其全部资产对公司债务承担责任；每一股有一表决权，股东以其所认购持有的股份，享受权利，承担义务；公司应当将经注册会计师审查验证过的会计报告公开。

任务二　了解企业的基本业务流程

企业的经济活动按其性质可以分为三类：经营活动、投资活动和筹资活动。

经营活动是指企业所进行的原材料采购、产品的生产和销售以及与此相关的活动，包括生产产品、销售商品、提供劳务、购买原材料和商品、接受劳务、支付工资以及其他费用、缴纳各项税款等。

投资活动主要是指企业基于获利目的而持有其他企业的股权或债权等行为，如购买其他公司发行的股票或债券等。

筹资活动即企业的融资活动，包括股权融资和债务融资，前者是通过发行股票等方式吸收投资者投入资本，后者是对外举债，比如从银行贷款。

不同类型的企业，其经营业务各有特点，经营业务流程也不同。

一、制造企业

生产制造企业的基本业务流程是由相互关联的供应、生产和销售三个环节构成。

在供应过程中，企业需要根据生产要求采购所需的原材料等消耗性物资，并对原材料等进行整理，以备产品生产之用。例如，一家生产牛仔服的企业根据生产要求购置了牛仔面料。

在生产过程中，企业需要按产品生产的工艺流程投入原材料等物料，再利用生产工具、设备等对其进行加工，产品加工程序完成后，便成为可以对外出售的完工产品，即产成品。

在产品销售过程中，企业将其生产的完工产品销售给有需求的购货方，从而实现企业的生产经营目标。

实际上，企业的生产经营过程是周而复始、不间断地、循环地进行的，即企业不断地投入原材料、不断地加工产品、不断地销售产品。

二、商品流通企业

商品流通企业的基本业务流程主要包括商品购进和商品销售两个方面。

其中，商品购进是商品流通的起点，这个过程中用货币资金去购买商品，将商品从卖方(制造商)购进来；商品销售是商品流通的终点，在这个过程中把购进的商品售出获得货币资金。

三、服务企业

由于服务企业涵盖的范围非常广，每个服务企业经营的业务内容不同，其业务流程也不同。在此主要介绍餐饮服务企业的基本业务流程。

餐饮服务企业的基本业务流程主要表现为采购原材料入库(或直接送达厨房)、领出原材料进行加工、加工成产品后销售给顾客、收回货币资金的经营过程。

知识拓展

企业目标就是实现其宗旨所要达到的预期成果，没有目标的企业是没有希望的企业。企业目标是企业发展的终极方向，是激励企业员工不断前行的精神动力。企业目标按时间可分为近期目标（一年以内）、短期目标（三年以内）、中期目标（五年以内）和长期目标（五年以上）；按整体与局部可分为整体目标、部门目标；按职能可分为销售目标、财务目标、生产目标、人力资源目标和研发目标等；按管理层级由低到高可分为基层作业目标、中层职能目标和高层战略目标。

企业是以盈利为目的的经济组织，其出发点和归宿是盈利。企业从成立的那一天起就面临着竞争，并始终处于生存和灭亡、发展和萎缩的矛盾之中。企业只有生存下去才有可能获利，只有获利才能发展，只有不断发展才能求得生存，才能最大化实现企业价值。因此，可以把企业管理的目标概括为“生存——获利——发展”，最终最大化实现企业价值。

（一）生存

企业能否在市场这块“土壤”上生存下去，需要具备两个基本条件：一是以收抵支。企业要想在市场上取得所需的资源，就必须支付一定数量的货币；要想从市场上换回货币，就必须提供一定数量市场需要的商品和劳务。企业为了维持其继续生产的能力，从市场上获得的货币量至少要等于付出的货币量，如果企业没有从市场上取得足够的、所需的各种资源，将无法维持其继续生产的能力。生产规模的不断萎缩必然会导致企业终止生产。因此，以收抵支是企业生存的最基本条件。二是偿还到期债务。企业为扩大业务规模或满足经营周转的临时需要，可以向其他个人或法人借债，国家为维护市场秩序特别是金融秩序，通过立法规定“债务人必须偿还到期债务”，必要时实行“破产还债”。企业如果出现财务困难，即不能偿还到期债务，就可能被债权人接管或被法院依法宣告破产。可见，企业收不抵支、长期亏损和不能偿还到期债务是企业生存的主要威胁。因此，企业在持续经营期间保持以收抵支、偿还到期债务的能力，减少与分化企业破产风险，使企业能够长期、平稳地生存下去是企业管理的主要任务，是企业管理目标对财务管理提出的重要要求。

（二）获利

企业存在的重要价值就是获利。不可否认，企业应该把增加就业机会、增加职工收入、改善劳动条件与社会环境、繁荣市场以及提高产品质量等作为管理目标。但是获利才是企业最具综合力的目标，也是企业实现其他目标的基础。获利盈余是指收入抵补支出后的余额，是资产获得超过其投资的回报。因此，合理有效地分配和使用人力、物力和财力资源并最大程度地使企业获利也是企业管理目标对财务管理提出的重要要求。

（三）发展

在知识经济时代，由于产品的更新换代速度很快，市场竞争愈加激烈，所以市场需求结构、消费观念以及消费者对产品和服务的质量要求等发生了很大变化。作为企业，如果跟不上市场变化的步伐，不能提高产品和服务的质量，不能扩大市场占有率，企业的发展将可能处于停滞状态，停滞就意味着企业有被淘汰的风险。企业要发展，必须不断地扩大投入，而扩大投入又是以不断增加盈利和筹资来源为前提的。同时，企业必须提高职工队伍的整体素质和企业的综合实力，为此，企业需要付出货币，需要有足够的资金予以支持。因此，企业能筹集到足够的、用于自我发展所需要的资金也是企业管理目标对财务管理提出的重要要求。

(四)企业价值最大化

生存、获利与发展是企业管理一般性目标和最基本的战术性要求，企业价值最大化是企业管理的总体目标和较深层次的战略性要求。企业管理系统中的各子系统包括生产、销售、财务、人事等各职能系统，以及高级、中级、基层等各管理阶层，尽管其各自的具体管理目标不同，但总目标都是实现企业价值最大化。例如，生产管理基本目标体现在如何以较少的费用实现收入最大化，并确保现金流入；财务管理的基本目标是如何实现利润最大化；人事管理目标是如何人尽其才、合理配置劳动力资源。

任务三　了解企业的会计工作组织

党的二十大精神是会计组织工作的根本遵循。一方面，会计组织工作要适应新时代财政金融事业发展的新形势、新任务、新要求，不断提高规范化、信息化、智能化水平，为国家治理体系和治理能力现代化提供有力支撑；另一方面，会计组织工作要坚持以人民为中心，加强队伍建设和管理，培育忠诚、干净、有担当的会计人才队伍，为实现全面建设社会主义现代化国家、实现中华民族伟大复兴提供有力保障。

一、会计工作组织的概念

会计工作组织是对会计工作的组织，包括设置会计机构、配备会计人员、设计和执行会计制度等。科学地组织会计工作对于完成会计职能，实现会计目标，发挥会计在经济管理中的作用具有十分重要的意义，具体表现在以下三个方面：

(1) 有利于提高会计工作的质量和效率。

(2) 有利于协调与其他经济管理工作的关系。

(3) 有利于加强经济责任制。

二、会计机构的设置

会计机构是直接从事和组织领导会计工作的职能部门，是加强会计工作、保证会计工作顺利进行的重要条件。

各单位会计机构的设置应根据单位规模的大小、会计业务的繁简、收支数额的大小等具体情况来确定。《中华人民共和国会计法》(以下简称《会计法》)第三十六条规定:“各单位应当根据会计业务的需要设置会计机构，或者在有关机构中设置会计人员并指定会计主管人员；不具备设置条件的应当委托经批准设立从事会计代理记账业务的中介机构代理记账。”各单位是否设置会计机构可根据各单位的会计业务需要来决定。

企业和行政、事业单位需要科学、合理地组织会计工作，原则上都要设置会计工作的专职机构，但由于各单位的经营和业务规模大小不同，会计业务的复杂程度不同，机构人员设置的要求不同，办公自动化程度不同，各单位可以根据业务需要决定是否设置专门的会计机构。通常实行独立核算的大中型企业、实行企业化管理的事业单位以及财务收支数额较大、会计业务较多的机关团体和其他组织，都要设置由本单位领导人直接领导的财务会计机构，并配备必要的会计人员。而财务收支数额不大、单位形式比较简单、会计核算不太复杂的单位，如一些业务规模小、业务量少的企业以及业务比较少的机构、团体和事业单位，可以不设置专门的会计机构。在不与法律法规相违背的情况下，是否设置会计机构、如何设置会计机构均由各单位自主决定。

小贴士

一个单位是否需要设置会计机构，一般取决于三方面的因素：

(1) 单位规模的大小；

(2) 经济业务和财务收支的繁简；

(3) 经营管理的需要。

三、会计工作的组织形式

企业会计工作的具体组织形式是指企业内部各级会计机构之间在会计反映和监督上的相互关系。会计工作的组织形式一般分为集中核算和分散核算两种。

（一）集中核算

集中核算是指把企业的会计工作主要集中到企业的会计机构来进行。企业各部门、车间一般不设置会计机构，只设置专职或兼职的会计人员，会计人员只对本部门或本车间发生的经济业务填制原始凭证和汇总原始凭证并定期报送企业会计部门。最后再由企业会计部门登记账簿，并编制会计报表。

实行集中会计核算的优点是可以减少核算层次，节省人力、物力，提高工作效率，缺点是核算工作过于集中，与各部门、车间的责权利结合不紧密。它一般适用于规模较小、业务量较少的单位。

（二）分散核算

分散核算又称为非集中核算，是指把企业的会计工作分散到企业的各个车间、部门进行。

在分散核算组织形式下，企业各车间、部门一般要设置会计机构，设立并登记账簿，单独计算盈亏，编制内部会计报表。企业的会计机构则主要是汇总编制整个企业的会计报表，并实行分散核算，使各个车间、部门能够随时掌握和利用核算资料，及时地解决经营过程中出现的问题。

分散核算一般适用于规模较大、业务量较多的单位。对于一个企业单位或者企业单位内部的不同部门是实行集中核算还是分散核算，主要应根据各个单位、部门的特点和管理要求，以有利于加强经济管理、经济核算来决定。但无论采用何种组织形式，企业单位对外的现金收支、银行存款的往来、物资的购销、债权债务的结算等对外经济往来，都必须由企业的会计机构集中办理，单位内部各车间、部门不能直接对外发生经济往来。

四、会计工作的岗位责任制

想要组织好会计工作，就必须认真贯彻会计工作岗位责任制。

会计工作的岗位责任制是指为了加强会计工作管理，提高工作效率，保证财务会计制度的贯彻执行而在会计机构内部按照会计工作的任务和会计人员的配备情况，建立事事有人管、人人有专责的一种责任制度。这样既可以合理使用人力，提高会计人员的责任感和纪律性，加强会计人员之间的协作和监督，又可以促使会计人员不断提高业务能力，改进工作方法，保证按质、按量、按期完成会计工作的任务。

各单位会计机构内部一般可分为会计主管、出纳、固定资产核算、材料核算、物资核算、商品核算、工资核算、成本核算、费用核算、收入核算、往来核算、总账和报表、稽核、综合分析、会计档案管理等工作岗位。每个工作岗位的职责都要有详细的规定。

会计工作岗位责任制可以实行一人一岗、一人多岗或多人一岗，但出纳人员不得兼任稽核、会计档案保管和收入、支出、费用、债权债务账目的登记工作。

《会计法》第三十七条规定：“会计机构内部应当建立稽核制度。出纳人员不得兼任稽核、会计档案保管和收入、支出、费用、债权债务账目的登记工作。”出纳人员是会计机构中直接与现金打交道的工作人员。根据我国有关规定和各单位的实际情况，出纳人员一般有以下职责：办理现金收付和银行结算业务；登记现金和银行存款日记账；保存库存现金和各种有价证券；保管有关印章、空白收据和空白支票。由于出纳人员直接管理钱款，所以其不能兼职几个岗位，否则容易弄虚作假，监守自盗。如确有需要，单位的现金日记账和银行往来日记账可由出纳人员兼任，但要做到日清月结，账目清楚。

实行岗位责任制并不要求会计人员长期固定在某一会计岗位，会计人员可以在适当时间轮换岗位，这样既有利于会计人员比较全面地熟悉并掌握各项会计工作，又便于互相协作，提高会计工作效率。

五、新型财务工作组织——财务共享服务中心

（一）财务共享服务中心的含义

财务共享服务中心 (Financial Shared Service Center，FSSC) 是近年出现并流行起来的会计和报告业务的管理方式，即将不同国家、地点的实体会计业务拿到一个 SSC 平台 (共享服务中心) 来记账和报告。作为一种新的财务管理模式，财务共享服务中心在许多跨国

公司和国内大型集团公司中兴起与推广，其目的在于通过一种有效的运作模式来解决大型集团公司在财务职能建设中的重复投入和效率低下的问题。

（二）财务共享服务中心的特点

与普通的企业财务管理模式不同，财务共享服务中心的优势在于其规模效应(即由于规模的增大而提高了经济效益)下的成本降低、财务管理水平及效率提高和企业核心竞争力上升。具体表现在以下几个方面：

(1) 运作成本降低。

运作成本可进行量化计算与比较，通过分析一个“财务共享服务中心”人员每月平均处理凭证数、单位凭证的处理费用等，建立新型的组织结构并制订合理的激励制度，从而提高员工的工作效率，并形成不断进取的企业文化。

(2) 财务管理水平与效率提高。

财务共享服务中心对所有子公司采用相同的标准作业流程，废除冗余的步骤和流程；财务共享服务中心拥有相关子公司的所有财务数据，这让数据汇总、分析变得不再费时费力，并且更容易做到跨地域、跨部门整合数据；某一方面的专业人员相对集中，公司较易提供相关培训，培训费用也大大降低；财务共享服务中心人员的总体专业技能较高，提供的服务更专业。此外，财务共享服务中心的模式使IT系统(硬件和软件)实现了标准化，便于更新。

(3) 支持企业集团的发展战略。

公司在新的地区建立子公司或收购其他公司后，财务共享服务中心能马上为这些新建的子公司提供服务。这样，公司管理人员能集中精力在公司的核心业务上，而将其他的辅助功能通过财务共享服务中心提供的服务完成，同时也能使更多财务人员从会计核算中解脱出来，为公司业务部门的经营管理和高层领导的战略决策提供高质量的财务决策支持，促进核心业务的发展。

（三）财务共享服务中心的影响

1. 财务业务一体化

财务共享服务中心的建立提升了企业集团的财务管理能力，新兴的财务组织——业务财务也随之出现。业务财务体现了财务和业务单位的有机结合，企业将财务办公场所和业务单位放在一起，保证了财务对业务的支持。

2. 财务人员逐渐分化

财务共享服务中心将很多基本财务职能集中到SSC后，由于基础业务被共享服务中心代替，财务人员可以从繁琐的基础业务中解脱出来，并向业务财务、财务管理决策转型。

传统的财务人员被分化为高端财务决策人员、业务财务人员、SSC财务业务人员。

高端财务决策人员负责宏观业务，与业务财务的接口工作是将其收集整理的财务数据进一步地挖掘分析并作出决策，与SSC的接口工作是对其实施综合管理和支撑服务，如定义业务流程，系统开发决策等。

因此高端财务决策人员不仅需要掌握具体的业务知识，还要具备综合管理知识；业务财务必须对业务具有敏感性，如非常了解所负责的产品；而 SSC 财务业务人员仅需要了解某一方面的制度规定就可以完成工作，对他们的要求一般不高。

【课后思考】

一、简答题

1. 什么是企业？企业有哪些类型？
2. 制造企业、商品流通企业、服务企业的业务环节有哪些？
3. 个人独资企业、合伙企业和公司制企业有哪些区别？
4. 企业会计工作组织形式有哪些？

二、拓展思考

观察你身边的企业，举例说明它们分别是什么类型的企业，并分析它们的业务内容和业务流程。

项目二　企业会计的基本认知

学习目标

(1) 理解会计的概念，了解会计的产生和发展历程。
(2) 理解会计的职能和目标。
(3) 掌握会计核算的基本前提和核算基础。
(4) 了解会计的核算方法。
(5) 理解会计信息质量的要求。

导入案例

很多私营企业主读不懂会计语言。有一位企业主就曾抱怨，他最怕两种人，一是搞电脑的，因为自己搞不懂电脑；再就是怕会计，给他一堆报表，自己看不懂却还要签字！复旦大学财会金融系主任指出，产生这一问题的主要原因就是会计语言的特殊性将自然语言给“扭曲”了。

会计是随人们的生产实践和管理需要产生和发展起来的，先后经历了古代会计、近代会计和现代会计的历史变革。学习会计语言，首先要对会计语言要素有一个基本的理解。社会各界对会计的理解是不一样的，甚至职业会计人对会计也有不同的理解。例如，有人说会计是管理的工具；也有人说会计是一个信息系统，会计的工作就是收集信息、加工信息、储存信息，并对外披露信息。但从企业管理的角度来说，现代会计是一项经济管理活动，是经济管理的重要组成部分。

任务一　会计的概念、职能和目标

一、会计的产生和发展

（一）会计的产生

会计作为一项记录、计算和考核收支的工作，在公元前一千年左右就出现了。人类要生存，社会要发展，就要进行物质资料的生产。生产活动一方面创造物质财富，取得一定的劳动成果；另一方面要发生劳动耗费，包括人力、物力的耗费。在一切社会形态中，人们进行生产活动时，总是力求以尽可能少的劳动耗费取得尽可能多的劳动成果，做到所得大于所费，以提高经济效益。为此，就必须在不断改革生产技术的同时，采用一定的方法对劳动耗费和劳动成果进行记录与计算，并加以比较和分析，在这个过程中就产生了会计。可见，会计的产生与加强经济管理、追求经济效益有着不可分割的天然联系。

（二）会计的发展

早期的会计只是对财务的收支进行简单的计算和记录。随着社会生产的日益发展和科学技术水平的不断进步，会计经历了一个由简单到复杂、由低级到高级的漫长发展过程。它的发展过程主要有以下三个阶段：

1. 古代会计

早在原始社会，随着社会生产力水平的提高，当人们捕获的猎物及生产的谷物等有了剩余时，人们就要分配食用量或进行交换，这样就需要简单的记录和计算。但由于文字没有出现，所以只好“绘图记事”，后来产生了“结绳记事”“刻石记事”等方法。这些原始的简单记录就是会计的萌芽。随着生产的进一步发展和科技的进步，劳动消耗和劳动成果的种类不断增多，出现了大量的剩余产品，会计逐渐“从生产职能中分离出来，成为特殊的、专门委托的当事人的独立的职能”。据考证，在原始的、规模小的印度公社已经有了一个记账员，专门负责登记农业项目，登记和记录与此有关的一切事项，这便是早期的古代会计。

2. 近代会计

一般认为，从单式记账法过渡到复式记账法是近代会计形成的标志。15 世纪末期，意大利数学家卢卡•帕乔利有关复式记账论著的问世，标志着近代会计的开端。

15 世纪，航海技术的发展使人类发现了地球是一个球体，从此掀开了人类文明的序幕。意大利的佛罗伦萨、热那亚、威尼斯等地的商业和金融业变得特别繁荣，日益发展的商业和金融业要求不断改进和提高已经流行于这三个城市的复式记账法。复式记账技术最早来自银行的存款转账业务。为适应实际需要，1494 年，意大利数学家卢卡•帕乔利出版了《算术、几何、比及比例概要》一书，该书系统地介绍了威尼斯的复式记账法，并给予理论上的阐述，由此开始了近代会计的历史。

从 15 世纪到 18 世纪，会计的理论与方法发展得仍然是比较缓慢的。直到蒸汽技术的发明实现了社会的工业革命，才使得会计专业有了较大的发展。在英国，由于生产力的迅速提高，会计专业迅速发展。过去，会计主要是记账和算账，现在还要编制和审查报表。为满足编制财务报表的需要，会计还要研究资产的估价方法和有关理论等。

第一次世界大战以后，美国取代了英国的地位，无论是在生产上，还是在科学技术的发展上，美国都遥遥领先。因此，会计学的发展中心也从英国转移到美国。在 20 世纪 20 年代至 30 年代间，美国对标准成本会计的研究有了迅猛的发展。到这一时期，会计方法已经比较完善，会计科学也已经比较成熟。

3. 现代会计

在经济活动复杂，生产日益社会化，人们的社会关系更加广泛的情况下，会计的地位和作用、会计的目标、会计所应用的原则和方法都在不断发展并日趋完善，已逐步形成自身的理论和方法体系。另外，科学技术水平的提高也对会计的发展起到很大的促进作用。现代数学、现代管理科学与会计的结合，特别是电子计算机在会计数据处理中的应用，使会计工作的效能发生了很大变化，它们扩大了会计信息的范围，提高了会计信息的精确性和及时性。直至20世纪中期，比较完善的现代会计学逐步形成了。随着成本会计的出现和不断完善，管理会计逐步形成，并与财务会计相分离而单独成科，学界认为这是现代会计的开端。

二、会计的概念

会计信息

会计是以货币为主要计量单位，采用一系列专门的方法和程序，对企业等经济组织的经济活动进行核算和监督，并向有关方面提供信息，以满足信息使用者经营决策需要的一项管理活动。

从会计的概念可以看出，会计具有以下基本特征：

(1) 会计以货币作为主要计量单位。

会计对经济活动进行计量和记录时，需要运用一定的计量单位。常用的计量单位有三种：实物计量单位、劳动计量单位和货币计量单位。在这三种计量单位中，由于实物计量单位(如个、千克等)和劳动计量单位(如小时、天等)的衡量基础不同，所以不能进行综合比较。唯有货币计量单位具有综合性，因为它是商品的一般等价物，是衡量商品价值的共同尺度，所以会计要求在以货币计量单位为主的情况下，结合实物计量单位和劳动计量单位，使核算更具综合性和全面性。

(2) 会计具有核算和监督的基本职能。

会计对企业发生的经济活动进行全面、连续、系统、综合的核算和监督。

全面是指对各种经济活动都要记录和计算，不能遗漏；连续是指按照经济活动发生的时间顺序进行记录；系统是指各种经济活动的记录要采用一系列专门的方法，遵循一定的处理程序，科学有序地进行，以取得分门别类的有用信息；综合是指以货币为统一的计量单位。

(3) 会计有一套完整的方法。

会计在发展过程中形成了一套完整的方法，具体包括：会计核算方法、会计分析方法和会计检查方法。其中会计核算方法是最基本的方法，会计分析方法和会计检查方法是在会计核算方法的基础上进行的，它们相互依存，形成一个完整的方法体系。

(4) 会计的本质是一种管理活动。

会计通过核算和监督经济活动过程，来保证会计信息的真实、合法、准确和完整。此外，会计还参与经营决策，以此来谋求最佳的经济效益。

三、会计的职能

会计的核算职能

党的二十大精神对于会计职能的定位和目标设定提出了新要求。会计职能的定位和目标设定要适应高质量发展阶段性特征，坚持创新驱动发展战略，推进数字化转型升级，提高会计信息质量和价值。

会计的职能是会计在经济管理过程中所具有的功能，包括会计的基本职能和会计的拓展职能。

（一）会计的基本职能

《中华人民共和国会计法》明确规定：“会计机构、会计人员依照本法规定进行会计核算，实行会计监督，即会计的基本职能为核算和监督。”

1. 会计的核算职能

会计的核算职能是指会计利用本身特有的方法，将复杂的经济活动通过归集、整理、分析，形成一系列有效的数据，为管理者提供财务信息。它包含三层意思：

(1) 会计主要是从数量方面反映各单位的经济活动情况，通过一定的核算方法，为经济管理提供数据资料。

(2) 核算职能主要是事后的反映，是通过算账、报账，提供能综合反映经济活动现状的核算指标。

(3) 会计对实际发生的经济活动进行核算时，要以凭证为依据，有完整的和连续的记录，并按经济管理的要求提供系统的数据资料，以便于全面掌握经济活动情况，考核经济效果。

2. 会计的监督职能

会计监督主要是利用会计资料和信息反馈对经济活动的全过程加以控制和指导，包括事前、事中和事后的监督。

会计监督职能是指从本单位经济效益出发，对经济活动的合理性、合法性、真实性、正确性、有效性进行监督检查。会计监督必须根据计划、预算、定额以及各种有关规章制度等，并通过对经济业务的核算、分析和检查来实现。

会计监督的目的在于改善经营或预算管理，维护国家财政制度和财务制度，保护社会公共财产，合理使用资金，促进增产节约，提高经济效益。

3. 会计核算职能和监督职能的关系

会计核算职能和监督职能关系密切，相辅相成。

会计核算是会计监督的基础，只有正确核算，才能为监督提供可靠的数据和资料，保证监督的顺利进行。会计监督是会计核算质量的保证，只有严格监督，才能保证会计核算的客观性。在实际工作过程中，只有将会计核算和会计监督两个职能有机地结合起来，才能充分发挥会计在经济管理中的作用。

（二）会计的拓展职能

随着经济的发展，会计基本职能的不断完善，会计的新职能也不断出现。会计不但有核算和监督两项基本职能，还有预测经济前景、参与经营决策和评价经营业绩等拓展职能。

1. 预测经济前景的职能

预测经济前景的职能是指会计根据财务报告等信息提供有关预测未来经济活动效果的数据资料，以便于经营管理者作出决策和采取措施。

2. 参与经营决策的职能

所谓决策，就是从各种备选方案中选出最优方案，以获得最大的经济效益。决策在现代化管理中起着重要的作用，正确的决策可以使企业获得最大效益，决策失误将会造成重大损失与浪费。决策必须建立在科学预测的基础上，而预测与决策都需要掌握大量的财务信息，这些资料都必须依靠会计来提供。因此，参与经营决策职能可为企业取得最大经济效益奠定基础，是会计的一项重要职能。

3. 评价经营业绩的职能

评价经营业绩是指利用财务会计报告等信息，对照相应的评价标准，采用适当的方法，对企业在一定经营期间的资产运营、财务效益等经营成果进行定量及定性对比分析，作出真实、客观、公正的综合评价。

四、会计的目标

会计目标是指会计工作所要达到的终极目的，是评价企业会计工作是否合理有效的标准。现代会计的目标主要包括以下两个方面：

（一）向会计信息使用者提供对决策有用的信息

在现代市场经济体系中，需要利用财务会计信息的组织和个人很多，主要包括企业管理者、投资者、债权人、财政和税务等政府机构、企业内部员工、客户、证券交易所、财务和证券分析机构、社会公众等。

会计作为一项经济管理活动，要向会计信息使用者提供有助于其作出经营决策的财务信息。财务信息包括某一主体在某一时期的财务状况、某一时期的经营成果和现金流动的原因及结果以及重要的理财事项。投资者（即所有者或股东）为了作出是否继续持有企业股权、是否追加或减少投资、确定投资期限等决策，都需要了解财务信息。债权人是指向企业提供贷款的金融机构和非金融机构，以及给企业提供材料、劳务的往来客户等组织机构。他们决定贷款人、放款金额、放款期限、评估债权的风险以及按期足额收回债权本息的可能性时，都依赖于财务信息；政府机构为了评价企业运用预算资金的情况，加强宏观调控，及时足额地收缴税款，也需要掌握财务信息；内部职工为了了解自己的工作业绩，改进自己的工作绩效，维护自身的合法权益，必须关注财务信息；证券交易所、财务和证券分析机构、社会公众等拥有财务信息后，可以就自身关注的问题对企业进行恰当的评价。

（二）反映企业管理层受托责任的履行情况

在现代企业制度下，企业的所有权与经营权相分离，企业管理层经营和管理企业是受企业股东的委托，负有受托责任。委托人十分关注资本的保值和增值，需要定期评价企业管理层的经营业绩和管理水平，了解经营者受托责任的履行状况，以及向企业的经营管理者提出有针对性的建议与措施等。因此，会计的目标应能反映企业管理层受托责任的履行情况，以有助于评价企业的经营管理责任和资源使用的有效性。

任务二　会计核算基本假设与会计核算基础

党的二十大精神对于会计核算基本假设提出了新要求，会计核算不仅要遵循客观性、稳定性、连续性等原则，还要符合党中央决策部署、国家战略规划、社会主义核心价值观等指导思想。

一、会计核算基本假设

会计信息系统运行所依存的客观环境存在许多变化不定的因素，会计假设是根据客观情况作出的推断，是会计信息系统运行与发展的基本前提和制约条件。会计的基本假设具体包括会计主体假设、持续经营假设、会计分期假设和货币计量假设。

（一）会计主体假设

会计主体又称会计实体、会计个体，是指在经营上或经济上具有独立性或相对独立性的单位，是会计信息所反映的特定单位或者组织。会计主体假设规定的是会计核算的空间范围和界限，它明确区分了一个会计主体与另一个会计主体之间的经济业务和事项，以及这些业务和事项背后反映的经济利益；它也明确界定了一个会计主体与其所有者之间不同的经济利益关系。

会计主体假设明确将会计核算的内容限定在与本主体的经济利益有关，或直接、间接导致了本主体未来经济利益产生变动的交易和事项上。

会计主体不同于法律主体。一般而言，法律主体都是会计主体，但是，会计主体并不一定是法律主体。不具有法人资格的独资企业、合伙企业，甚至一个企业下属的分支机构、特殊目的实体 (SPE) 和一个或几个法人主体构成的经济实体 (此实体不一定是法人主体) 都可以构成会计主体。企业可以视会计核算和内部管理的需要构建自己的会计主体。

（二）持续经营假设

持续经营是指企业的生产经营活动在可以预见的将来，会长期按它现时的规模和状态持续不断地经营下去，不会停业也不会大规模削减业务。持续经营的一般含义是如果不存在明显的反证，就认为企业将无限期地经营下去。所谓“反证”是指企业的经营可以在预计的时刻结束，比如合同规定的经营期已满，章程所规定的解散条件已经成立，或企业经营不善、严重资不抵债濒临破产等。显然，持续经营主要是针对企业整体而言的。

持续经营是企业进行会计核算的基础，如果企业不能持续经营，它将执行清算规则而非执行核算标准。历史成本原则、划分收益性支出和资本性支出原则、配比原则等一系列会计原则都是以持续经营假设为基础的。

（三）会计分期假设

为了及时地提供决策所需的财务及其相关的经济信息，我们不得不将企业“持续经营的长河”人为地划分为一个个连续的、长短相同的期间，这就是会计分期假设。只有遵循会计分期假设，企业才能及时结算账目和计算盈亏，及时编制财务报告并向会计信息的使用者提供有关企业财务状况、经营成果和现金流量的信息。

根据我国《企业会计准则》的规定，会计期间分为年度、半年度、季度和月度。年度、半年度、季度和月度均按公历起讫日期确定。半年度、季度和月度均称为会计中期。该制度所称的期末和定期是指月末、季末、半年末和年末。在计算机技术迅速发展的今天，为了更好地为决策者服务，及时提供会计信息，会计期间呈现出越来越短的趋势，有些企业开始提供周报、日报，甚至能提供实时的财务报告。

（四）货币计量假设

货币计量假设是指以货币作为最基本的计量单位对企业的经济业务进行记录，并编制财务报表。会计的本质是一个信息系统，会计的对象是企业经营活动及其背后的资金运动。货币作为衡量所有商品价值的共同尺度，自身的属性注定其成为会计计量手段的最佳选择。

货币作为会计的计量单位包含两层含义：一是记账本位币的选择，二是币值稳定的假设。

(1) 记账本位币的选择。记账本位币是指企业经营所处的主要经济环境中的货币。我国《企业会计准则》规定，企业会计核算应当选择人民币作为记账本位币。当业务收支出现人民币以外的货币，也可以选择人民币以外的一种货币作为记账本位币，但编制的会计报表应折算为人民币反映。

(2) 币值稳定的假设。货币价值必须是稳定的，否则就没法进行经济业务的度量。因此，“币值稳定”是货币计量假设的附带假设。

需要说明的是，度量企业财务状况和经营成果是件十分复杂的事情，单纯的货币计量已经显现出越来越大的局限性。目前，人们正在探索采用货币化指标和非货币化指标相结合的方式来度量企业的人力资本、客户资源等重要的资产，并反映企业的经营绩效。

会计的核算基础

二、会计核算基础

会计核算基础是会计确认、计量和报告的基础，包括权责发生制和收付实现制。

在会计主体的经济活动中，经济业务的发生和货币的收支不是完全一致的，因此产生两种核算基础：一个是以取得收款权利和发生付款责任为依据来确认一定期间的收入和费用的制度，称为权责发生制；另一个是根据货币实际收支来确认一定期间的收入和费用的制度，称为收付实现制。

（一）权责发生制

在实务中，企业交易或者事项的发生时间与相关货币收支时间有时并不完全一致。例如，款项已经收到，但销售并未实现；或者款项已经支付，但并不是本期生产经营活动所发生的。为了更加真实、公允地反映特定会计期间的财务状况和经营成果，《企业会计准则》明确规定，企业在会计确认、计量和报告中应以权责发生制为基础。

权责发生制的基础要求为，凡是当期已经实现的收入和已经发生或应当负担的费用，无论款项是否收付，都应作为当期的收入和费用计入利润表中；凡是不属于当期的收入和费用，即使款项已在当期收付，也不应作为当期的收入和费用。

（二）收付实现制

收付实现制是以收到或支付现金作为确认收入和费用为依据的制度。目前，我国的行政单位会计采用收付实现制，事业单位会计除经营业务可以采用权责发生制外，其他大部分业务采用收付实现制。

【例 1-1】 A 公司 2022 年 12 月发生以下经济业务：

(1) 支付上月电费 1 200 元；

(2) 收到本月销货款 3 500 元；

(3) 支付下季度保险费 7 900 元；

(4) 收到上月销货款 7 000 元；

(5) 支付本月差旅费 2 500 元；

(6) 预收客户订金 5 000 元，下月交货；

(7) 本月销售商品 10 000 元，下月收款。

会计核算基础案例分析结果如表 1-2-1 所示。

思考：在不同会计核算基础上，确认本月的收入与费用各是多少？

表 1-2-1　会计核算基础案例分析结果

业务内容	业务发生期	款项收付期	权责发生制下的收入、费用归属期	收付实现制下的收入、费用归属期
支付上月电费 1 200 元	上月	本月	上月	本月
收到本月销货款 3 500 元	本月	本月	本月	本月
支付下季度保险费 7 900 元	下季度	本月	下季度	本月
收到上月销货款 7 000 元	上月	本月	上月	本月
支付本月差旅费 2 500 元	本月	本月	本月	本月
预收客户订金 5 000 元，下月交货	下月	本月	下月	本月
本月销售商品 10 000 元，下月收款	本月	下月	本月	下月

权责发生制下：本月收入 = 3 500 + 10 000 = 13 500 元

本月费用 = 2 500 元

收付实现制下：本月收入 = 3 500 + 7 000 + 5 000 = 15 500 元

本月费用 = 1 200 + 7 900 + 2 500 = 11 600 元

任务三　了解会计核算方法

一、会计核算程序

会计核算工作是一个连续、系统和完整的过程，包括会计确认、会计计量、会计记录和会计报告四道前后衔接的程序。经济业务发生后，首先要进行确认和计量，然后运用会计凭证和会计账簿进行记录，再对账前记录结果进行汇总、整理，最后编制会计报告，提供给使用者。

（一）会计确认

会计确认是指依据一定的标准，认定某项经济业务事项，填制凭证，记入账簿和列入会计报告的过程。会计确认包括要素确认和事项确认。要素确认是确认记录的经济业务或会计事项应为哪个要素项目，其确认的依据一是符合会计要素的定义，二是符合会计要素的确认条件。事项确认是指该项经济业务或会计事项应当在何时确认，其基本依据是此项经济业务或会计事项实际发生的时间。

（二）会计计量

会计计量是指在会计核算过程中，对于该项交易、事项以某种尺度为标准确定的量。以重量、长度、体积等为尺度，称之为实物计量；以货币为尺度，称之为货币计量。会计计量包括计量单位和计量特性。货币计量通常以元、十元、百元、千元、万元等为计量单位。计量特性是指计量对象可供给量的某种特性或标准，如资产计量有历史成本、重置成本、可变现净值、现值、公允价值等计量特性。

我国《企业会计准则——基本准则》中的第四十三条规定，“企业在对会计要素进行计量时，一般应当采用历史成本，采用重置成本、可变现净值、现值、公允价值计量的，应当保证所确定的会计要素金额能够取得并可靠计量。”

（三）会计记录

会计记录是指某项经济业务经过确认和计量后，按照一定的方法和程序在账户中进行登记的工作，包括以原始凭证为依据编制记账凭证，并据以登记账簿。会计记录包括序时记录和分类记录。

（四）会计报告

会计报告是指以账簿记录为依据，采用表格和文字的形式按照一定的要求，将会计数据经过分析、归类等工作后提供给信息使用者的书面报告。会计报告是会计信息使用者进行有关决策的重要依据。

二、会计核算方法

会计核算方法

会计方法由会计核算方法、会计分析方法和会计检查方法三部分组成。其中会计核算方法是会计最基本的方法。这三个部分既相互独立，又密切关联、相互配合。下面重点阐述会计核算方法。

会计核算方法主要包括设置会计科目和账户、复式记账、填制和审核凭证、登记账簿、成本计算、财产清查、编制会计报表七种方法。

（一）设置会计科目和账户

设置会计科目和账户是对会计对象的具体内容进行分类反映和监督的一种专门的方法。会计对象的具体内容是复杂多样的，要对会计对象所包含的经济内容进行系统的反映和监督，就需要对它们进行科学的分类，以便有的放矢。因此，对各项财产、资金、费用成本和收入成果的增减变化，均要分别设置一定的会计科目和账户，并进行归类反映和监督。

（二）复式记账

复式记账是通过至少两个账户来记录每一项经济业务，借以完整地反映资金运动的一种专门的方法。在企业、行政事业单位的资金运动过程中，任何一项经济业务都会引起资金的变化。例如，企业用现金购买材料，这一项经济业务一方面引起材料的增加，另一方面引起现金的减少。为了全面反映每一项经济业务所引起的双重变化，必须在两个或两个以上的账户中同时加以记录，这就是复式记账。采用复式记账的方法能全面反映资金运动的来龙去脉，以便对各项经济活动进行有效监督。

（三）填制和审核凭证

会计凭证是用来记录经济业务，明确经济责任的书面证明，它是登记账簿的重要依据。企业、行政事业单位对于任何一项经济业务都要按照实际执行或完成的情况填制有关凭证。所有凭证都要经过会计部门和有关职能部门的审核，只有经过审核无误的凭证，才能作为记账的依据。在凭证的审核过程中，最重要的是审核经济业务是否合法、是否合理、是否符合财经制度的规定、是否执行了财经纪律。只有对各种凭证进行合法性、合理性审核，才能确保会计资料的真实性。因此，填制和审核凭证是反映和监督会计核算不可缺少的方法。

（四）登记账簿

登记账簿就是在账簿上全面地、系统地、连续地记录各项经济业务的一种专门的方法。登记账簿就是把所有的经济业务按其发生的顺序，分门别类地记入有关账簿。登记账簿必须以审核无误的记账凭证为依据，同时按照规定的会计科目，在账簿中分设账户，把所发生的经济业务分别记入有关账户，并定期结账、对账，以便为经营管理提供完整的、系统的数据资料。各种账簿的记录是编制会计报表的主要依据。

（五）成本计算

成本计算是按照成本计算对象来计算企业在生产经营过程中所耗费的人力、物力和财力，以确定该计算对象的总成本和单位成本的专门方法。为了考核和控制生产经营过程中发生的各项费用支出，需要将这些费用按照一定的对象进行归集和计算。在工业企业中，要计算材料采购成本、产品生产成本。成本计算有利于考核各项费用是否节约或超支，以便寻求降低成本的途径。

（六）财产清查

财产清查就是盘点实物、查对账目，查明各项财产物资和资金的实有数额的一种专门的方法。通过财产清查可以查明财产和资金的实有数额，并与账面数额相核对。如果发现某些财产物资和资金的实有数额同账面结存数额不相符合，则应查明账实不符的原因，确定责任，并按规定调整账簿记录，使账存额与实存额保持一致，从而保证会计核算资料的真实性。通过财产清查不仅能发现财产物资管理中存在的问题，而且对挖掘企业物资潜力、加速资金周转、监督财产物资的合理使用与安全完整均具有重要作用，所以它是会计核算必不可少的方法。

（七）编制会计报表

编制会计报表是以规定的表格形式，定期并简括地反映企业、行政事业单位经济活动收支情况的一种专门的方法。在会计核算中，日常发生的经济业务都分散地登记到各种账簿中，为了更集中和简括地反映出企业、行政事业单位经济活动的全貌，需要通过编制会计报表，把账簿中分散的资料进行分类、整理、汇总，使之更加系统化、条理化，既全面又概括地反映企业在一定时期内经济活动的情况，如资金、成本、利润等各项指标。会计报表所提供的资料是分析、检查财务计划完成情况、考核经济效益、加强经济管理的依据。

上述会计核算的各种方法构成了一个完整的方法体系。在实际工作中，这些方法应彼此联系、相互配合地加以运用。一般来说，应对日常发生的每一项经济业务进行分类，并应用复式记账法在有关账簿中进行登记，对经营过程中所发生的各项费用进行成本计算，还应当定期或不定期进行财产清查，将财产物资实际结存数额与账簿的记录加以核对，在做到账实相符的基础上，根据账簿记录编制各种会计报表。

任务四　了解会计信息质量要求

会计信息质量要求是对企业财务会计报告提供高质量会计信息的基本规范，也是高质量会计信息应具备的基本特征，主要包括可靠性、相关性、可理解性、可比性、实质重于形式、重要性、谨慎性和及时性等。

一、可靠性（客观性、真实性）

可靠性要求企业应当以实际发生的交易或者事项为依据进行确认、计量和报告，如实反映符合确认和计量要求的各项会计要素及其他相关信息，以保证会计信息真实可靠、内容完整。

会计信息要有用，就必须以可靠性为基础。如果财务报告所提供的会计信息是不可靠的，就会导致使用者作出错误的决策甚至产生损失。为了贯彻可靠性要求，企业应当做到以下几点。

(1) 以实际发生的交易或者事项为依据进行确认、计量，将符合会计要素定义及其确认条件的资产、负债、所有者权益、收入、费用和利润等如实反映在财务报表中，不得根据虚构的、没有发生的或者尚未发生的交易或者事项进行确认、计量和报告。

(2) 在符合重要性和成本效益原则的前提下，保证会计信息的完整性。例如，应当保证报表及其附注等内容完整，不能随意遗漏或者减少应予披露的信息，与使用者决策相关的有用信息都应当充分披露。

(3) 财务报告中的会计信息应当是中立的、无偏的。如果企业在财务报告中为了达到事先设定的结果或效果，通过选择或列示有关会计信息以影响决策和判断的，这样的财务报告信息就不是中立的。

二、相关性

相关性要求企业提供的会计信息应当与财务会计报告使用者的经济决策需要相关，以有助于财务会计报告使用者对企业过去和现在的情况作出评价，对未来的情况作出预测。

(1) 预测价值。如果一项信息能帮助决策者对过去、现在和未来事项的可能结果进行预测，则该项信息具有预测价值。决策者可根据预测的结果，作出其认为的最佳选择。因此，预测价值是构成相关性的重要因素，具有影响决策者决策的作用。

(2) 反馈价值。如果一项信息能有助于决策者验证或修正过去的决策和实施方案，则该项信息具有反馈价值。反馈价值旨在把过去决策所产生的实际结果反馈给决策者，使其与当初的预期结果相比较，验证过去的决策是否正确，总结经验以防今后再犯同样的错误。反馈价值有助于未来决策。

会计信息质量的相关性要求企业在确认、计量和报告会计信息的过程中，充分考虑使用者的决策模式和信息需要。但是，相关性是以可靠性为基础的，两者之间并不矛盾，不应将两者对立起来。也就是说，会计信息在可靠性前提下，尽可能地做到相关性，以满足投资者等财务报告使用者的决策需要。

三、可理解性

可理解性(清晰性)要求企业提供的会计信息应当清晰明了，便于财务会计报告使用者理解和使用。

企业编制财务报告、提供会计信息的目的在于使用，而要使使用者有效使用会计信息，应当能让其了解会计信息的内涵，弄懂会计信息的内容，这就要求财务报告所提供的会计信息应当清晰明了，易于理解。只有这样，才能提高会计信息的有用性，实现财务报告的目标，满足向财务报告使用者提供决策有用信息的要求。

会计信息是一种专业性较强的信息产品，在强调会计信息的可理解性要求的同时，还应假定使用者具备一定的有关企业经营活动和会计方面的知识，并且愿意付出努力去研究这些信息。对于某些复杂的信息，如交易本身较为复杂或者会计处理较为复杂，但与使用者的经济决策相关的信息，企业应当在财务报告中予以充分披露。

四、可比性

可比性要求企业提供的会计信息应当相互可比，保证同一企业不同会计期间信息可比、不同企业相同会计期间信息可比。这主要包括两层含义：

(一)同一企业不同时期可比

为了便于财务报告使用者了解企业财务状况、经营成果和现金流量的变化趋势，比较企业在不同时期的财务报告信息，全面、客观地评价过去、预测未来，从而作出决策，会计信息质量的可比性要求同一企业在不同会计期间发生的相同或者相似的交易或者事项采用一致的会计政策，不得随意变更。但是，满足会计信息可比性要求并非表明企业不得变更会计政策，如果按照规定或者在会计政策变更后可以提供更可靠、更相关的会计信息，则可以变更会计政策。有关会计政策变更的情况，应当在附注中予以说明。

（二）不同企业相同会计期间可比

为了便于财务报告使用者评价不同企业的财务状况、经营成果和现金流量及其变动情况，会计信息质量的可比性要求不同企业在同一会计期间发生的相同或者相似的交易或者事项采用规定的会计政策，确保会计信息口径一致、相互可比，以使不同企业按照一致的确认、计量和报告要求提供有关会计信息。

五、实质重于形式

实质重于形式要求企业应当按照交易或者事项的经济实质进行会计确认、计量和报告，不应仅以交易或者事项的法律形式为依据。

企业发生的交易或事项在多数情况下，其经济实质和法律形式是一致的。但在有些情况下，会出现不一致。例如，以融资租赁方式租入的资产虽然从法律形式上来讲企业并不拥有其所有权，但是由于租赁合同中规定的租赁期相当长，接近于该资产的使用寿命，或租赁期结束时承租企业有优先购买该资产的选择权，或在租赁期内承租企业有权支配资产并从中受益等情况，因此，从其经济实质来看，如果企业能够控制融资租入资产所创造的未来经济利益，其在会计确认、计量和报告上就应当将以融资租赁方式租入的资产视为企业的资产，列入企业的资产负债表。

又如，企业按照销售合同销售商品但又签订了售后回购协议，虽然从法律形式上实现了收入，但如果企业没有将商品所有权上的主要风险和报酬转移给购货方，没有满足收入确认的各项条件，即使签订了商品销售合同或者已将商品交付给购货方，也不应当确认为销售收入。

六、重要性

重要性要求企业提供的会计信息应当反映与企业财务状况、经营成果和现金流量有关的所有重要交易或者事项。

重要性的应用依赖于职业判断。一般从项目的性质（质）和金额大小（量）两个方面进行职业判断。

在实务中，如果会计信息的省略或者错报会影响财务报告使用者作出决策，则该信息就具有重要性。重要性的应用需要依赖职业判断，企业应当根据其所处环境和实际情况，从项目的性质和金额大小两个方面加以判断。

例如，我国上市公司要求对外提供季度财务报告，因为季度财务报告披露的时间较短，所以从成本效益原则考虑，季度财务报告没有必要像年度财务报告那样披露详细的附注信息。因此，中期财务报告准则规定，公司季度财务报告附注应当以年初至本中期末为基础进行编制，披露自上年度资产负债表日之后发生的、有助于理解企业财务状况、经营成果和现金流量变化情况的重要交易或者事项。这种附注披露，就体现了会计信息质量的重要性要求。

七、谨慎性

谨慎性要求企业对交易或者事项进行会计确认、计量和报告时保持应有的谨慎，不应高估资产或者收益也不应低估负债或者费用。

在市场经济环境下，企业的生产经营活动面临着许多风险和不确定性，如应收款项的可收回性、固定资产的使用寿命、无形资产的使用寿命、售出存货可能发生的退货或者返修等。会计信息质量的谨慎性要求企业在面临不确定性因素的情况下保持应有的谨慎，充分估计各种风险和损失，既不高估资产或者收益，也不低估负债或者费用。例如，要求企业对可能发生的资产减值损失计提资产减值准备、对售出商品可能发生的保修义务等确认预计负债等，这就体现了会计信息质量的谨慎性要求。

谨慎性的应用也不允许企业设置秘密准备，如果企业故意低估资产或者收益，或者故意高估负债，不仅不符合会计信息的可靠性和相关性要求，还损害了会计信息质量，扭曲了企业实际的财务状况和经营成果，从而对使用者的决策产生误导，这是会计准则所不允许的。

八、及时性（信息的时效性）

及时性要求企业对于已经发生的交易或者事项应当及时进行确认、计量和报告，不得提前或者延后。

会计核算过程中的及时性包括：

(1) 及时收集会计信息；

(2) 及时处理会计信息；

(3) 及时传递会计信息。

会计信息的价值在于帮助信息使用者作出具有时效性的经济决策。即使是可靠、相关的会计信息，如果不及时提供，就失去了时效性，对于使用者的效用就会大大降低，甚至不再具有实际意义。在实务中，为了及时提供会计信息，可能需要在有关交易或者事项的信息全部获得之前就进行会计处理，这样虽满足了会计信息的及时性要求，但可能会影响会计信息的可靠性；反之，如果企业等到与交易或者事项有关的全部信息获得之后再进行会计处理，这样的信息披露可能会由于时效性问题而大大降低其有用性。这就需要在及时性和可靠性之间作相应权衡，以最好地满足投资者等财务报告使用者的经济决策需要为判断标准。

小贴士

党的二十大精神对于提高会计信息质量提出了更高更严的标准和目标。

具体来说，会计信息质量要求与党的二十大精神相结合，主要表现在以下几个方面：

一是坚持人民至上，提高会计信息可靠性。会计信息应该真实地反映经济活动的本质和结果，不得虚假记载或隐瞒重要事项，不得违反法律法规或违背公序良俗。同时，会计信息应该客观公正地披露经济活动对国家利益、社会效益和人民福祉等的影响。

二是坚持自信自立，提高会计信息相关性。会计信息应该符合国情、符合时代发展、符合行业特点，能够反映经济活动对于实现国家战略目标和推进社会主义现代化建设等方面的作用和价值。同时，会计信息应该及时有效地传递给使用者，并能够帮助使用者作出正确决策。

三是坚持守正创新，提高会计信息可比性。会计信息不仅要遵循统一确定并不断完善的国家统一制度标准，还要与国际通行规则保持接轨或兼容。同时，会计信息应该能够在时间上或空间上进行比较分析，并能够反映经济活动在不同条件下或不同阶段下的变化情况。

四是坚持问题导向，提高会计信息及时性。会计信息应该能够及时捕捉并反映经济活动中存在或可能存在的风险隐患或问题挑战，并能够为防范化解风险隐患或解决问题挑战提供有力支撑。同时，会计信息应该能够及时调整并更新经济活动中发生或可能发生的变化情况，并能够为适应变化情况提供有力依据。

【课后思考】

一、简答题

1. 什么是会计？
2. 简述会计基本职能之间的关系。
3. 会计核算的基本前提有哪些？包括哪些内容？
4. 会计信息质量要求一般包括哪些内容？

二、实务题

练习权责发生制和收付实现制基础下收入、费用的确认及利润的计算。

资料：A 企业 2022 年 12 月份发生如下经济业务：

(1) 用银行存款预付明年财产保险费 7 200 元。
(2) 通过银行收到上月销货款 60 000 元。
(3) 销售产品 18 000 元，货款尚未收到。
(4) 收到购货单位预付货款 30 000 元，存入银行。
(5) 计算本月水电费共 1 800 元，因资金周转困难，暂未支付。
(6) 销售产品 40 000 元，款已存入银行。
(7) 支付上月房租费 1 500 元。
(8) 以银行存款支付本月份广告费 2 000 元。
(9) 计算本月份固定资产折旧费 3 000 元。

要求：分别采用权责发生制和收付实现制计算 12 月份的收入、费用和利润。

02 PART

会计基础理论

企业财务会计基础

项目一　会计要素与会计等式

学习目标

(1) 理解会计对象的内容。
(2) 掌握会计要素的含义、内容及特征。
(3) 掌握会计等式。
(4) 掌握经济业务对会计等式的影响。

导入案例

小李和小张于2022年12月1日用10 000元银行存款投资开办了一家电脑维修店，该店提供电脑维修、电脑配件销售服务。

他们首先租了一间小店面，每月房租为1 000元，第一个月房租已经支付；

花费2 500元购买了一些修理用的工具和配件；

为了方便出行，花费400元买了一辆自行车；

在报纸上做了广告，广告费为750元，其中有250元的广告费尚未支付；

支付请来帮助修理电脑同学的报酬为300元；

12月31日收到水电费缴费单，共计100元尚未支付。

当月电脑维修店铺的收入已存入银行，31日银行账户余额为7 000元。

小李和小张认为他们第一个月经营情况不错，尽管亏了3 000元，但是打开了市场。

思考：

1. 分析小李和小张依据什么计算亏了3 000元，该依据正确吗?
2. 分析电脑维修店铺在12月底有哪些资产和负债?
3. 计算电脑维修店铺在12月份的收入和费用是多少？

任务一　认识会计对象

一、会计对象的含义

会计对象是指会计所反映和监督的内容，即会计的客体。会计对象的含义可分两个层次来表述，第一是会计对象的一般说明，即讲述会计的一般对象；第二是指会计对象在企业中的具体表现，即会计要素。

二、会计对象的具体内容

以制造企业为例，制造企业的资金运动按其运动的程序可分为资金投入、资金周转、资金退出三个基本环节。而制造企业的生产经营过程可以划分为采购过程、生产过程和销售过程。

如图 2-1-1 所示，随着企业供产销的不断进行，企业的资金也在不断地循环和周转。货币资金转化为固定资金、储备资金，再转化为生产资金、商品资金，最后转化为货币资金。在生产过程中，资金的耗费转化为生产费用，为生产一定种类、数量的产品所支出的生产费用的总和就构成了产品成本；在销售过程中，当企业取得的销售收入大于为取得这个收入所付出的代价时，多出的这一部分即为企业的利润。企业实现的利润还要进行分配，一部分退出企业，另一部分则要重新投入企业的生产周转。

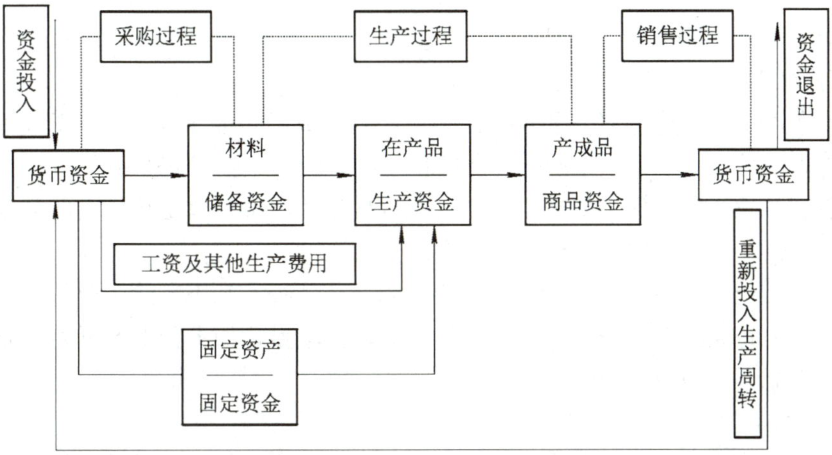

图 2-1-1　制造企业的资金运动

资金运动过程中资金的取得、运用和退出等经济活动引起各项财产和资源的增减变化情况，经营过程中各项生产费用的支出和产品成本形成的情况，企业销售收入的取得和企业纯收入的分配情况，构成了企业会计的具体对象，将企业会计对象的具体内容按其经济特征进行分类，就可以确定出企业的会计要素。

企业的资金占用形式称为资产。企业的资金主要来自两个方面，人们习惯于把从债权方取得的资金称为负债，把企业所有者投入的部分称为所有者权益。企业外销产品取得的货币资金，即企业运用资金取得的成果为销售收入，企业耗费资产的货币数额为成本费用，收入与费用之间的差额，也就是企业运用资金所取得的增值额为利润。

上面讲的资产、负债、所有者权益、收入、费用、利润就是会计对象的基本分类，即会计要素。

任务二　会计要素的确认与计量

会计对象按照交易或事项的经济特征进行的基本分类即为会计要素。会计要素分为反映企业财务状况和反映企业经营成果两类。会计要素既是会计确认和计量的依据，也是确定会计报表结构和内容的基础。

《企业会计准则》规定，企业会计要素分为资产、负债、所有者权益、收入、费用和利润。其中，资产、负债和所有者权益要素侧重反映企业的财务状况，收入、费用和利润要素侧重反映企业的经营成果。

静态会计要素

一、反映财务状况的会计要素

（一）资产

1. 资产的定义

资产是指企业过去的交易或者事项形成的、企业拥有或者控制的、预期会给企业带来经济利益的资源。

资产具有以下几个方面的特征：

(1) 资产预期会给企业带来经济利益。

资产预期会给企业带来经济利益，是指资产直接或者间接导致现金或现金等价物流入企业的潜力。这种潜力既可以来源于企业的日常经营活动，也可以来源于非日常经营活动。带来的经济利益既可以是现金或现金等价物的直接流入，也可以是转化为现金或现金等价物的间接流入，还可以是现金或现金等价物减少的流出。

资产预期会给企业带来经济利益是资产最重要的特征。凡不能给企业带来经济利益的资源均不能作为企业的资产确认。前期已确认的资产项目，如果预期不再为企业带来经济利益的，也不能再作为企业的资产。

(2) 资产为企业拥有或者控制。

资产为企业拥有或者控制是指企业享有某项资源的所有权，或者是企业虽然不享有某项资源的所有权，但该资源能被企业所控制。

企业拥有资产的所有权表明该企业拥有从资产中获取预期经济利益的权利。在特定情况下，虽然企业不享有一些资源的所有权，但能实际控制这些资源，同样也能够从这些资源中获取经济利益，根据实质重于形式的原则，这部分经济资源也应作为企业的资产。

(3) 资产由企业过去的交易、事项形成。

资产是由企业过去的交易、事项形成的。企业过去的交易或者事项包括购买、生产、建造行为、其他交易或者事项。预期未来发生的交易或者事项不形成资产。

2. 资产的确认条件

符合资产定义的资源，在同时满足以下条件时确认为资产：

(1) 与该资源有关的经济利益很可能流入企业；

(2) 该资源的成本或者价值能够可靠地计量。

符合资产定义和资产确认条件的项目应当列入资产负债表；符合资产定义但不符合资产确认条件的项目不应当列入资产负债表。

3. 资产的分类

企业的资产按其流动性，可以分为流动资产和非流动资产。

(1) 流动资产。流动资产是指预计可以在一年或者超过一年的一个营业周期内变现或者耗用的资产，主要有以下几种：

① 库存现金，指企业存放在财会部门的库存现金。

② 银行存款，指企业存放在银行或其他金融机构的各种存款。

③ 交易性金融资产，指企业为了近期出售所购买的、以赚取差价为目的、有活跃市场报价的股票、债券、基金投资等。

④ 应收及预付款，包括应收票据、应收账款、预付账款、应收股利、应收利息、其他应收款等。

⑤ 存货，指企业在生产经营过程中为销售或者耗用而储存的各种资产，包括库存商品、半成品、在产品以及各类原材料、周转材料等。

(2) 非流动资产。不能在一年或者超过一年的一个营业周期内变现或者耗用的资产，主要有以下几种：

① 长期股权投资，是指持有时间超过一年、不准备随时变现的股票和其他投资。

② 固定资产，即为生产商品、提供劳务、出租或经营管理而持有的，使用寿命超过一个会计期间的有形资产，包括房屋及建筑物、机器设备、运输设备、工具器具等。

③ 无形资产，即企业拥有或者控制的，没有实物形态的可辨认非货币性资产，包括专利权、非专利技术、商标权、著作权、土地使用权等。

④ 投资性房地产，指为赚取租金或资本增值或两者兼有而持有的房地产。

（二）负债

1. 负债的定义

负债是指企业过去的交易或者事项形成的、预期会导致经济利益流出企业的现时义务。

负债具有以下几个方面的特征：

(1) 负债是企业承担的现时义务。

负债是企业目前承担的现时义务。现时义务是指企业在现行条件下已承担的义务。未来发生的交易或者事项形成的义务不属于现时义务，不应当确认为负债。

(2) 负债的清偿会导致经济利益流出企业。

负债是企业所承担的现时义务，履行义务时必然会引起企业经济利益的流出，否则就不能作为企业的负债来处理。

(3) 负债由过去的交易或者事项形成。

负债是企业过去的交易或者事项所形成的结果。过去的交易或者事项包括购买商品、接受劳务等。预期在未来发生的交易或者事项不形成负债。

2. 负债的确认条件

符合负债定义的义务，在同时满足以下条件时，确认为负债：

(1) 与该义务有关的经济利益很可能流出企业；

(2) 未来流出的经济利益的金额能够可靠地计量。

符合负债定义和负债确认条件的项目，应当列入资产负债表；符合负债定义但不符合负债确认条件的项目，不应当列入资产负债表。

3. 负债的分类

负债按其流动性，可分为：

(1) 流动负债。流动负债是指在一年或超过一年的一个营业周期内偿还的债务，包括短期借款、应付票据、应付账款、预收账款、应付职工薪酬、应交税费、应付利息、应付股利、其他应付款等。

(2) 非流动负债。非流动负债是指偿还期在一年或超过一年的一个营业周期的债务，包括长期借款、应付债券、长期应付款等。

（三）所有者权益

1. 所有者权益的定义

所有者权益是指企业资产扣除负债后由所有者享有的剩余权益。公司的所有者权益又称为股东权益。

所有者权益的来源包括所有者投入的资本、直接计入所有者权益的利得和损失、留存收益等。

(1) 所有者投入的资本：所有者投入的资本既包括所有者投入的、构成注册资本或股本部分的金额，也包括所有者投入的、超过注册资本或股本部分的资本溢价或股本溢价。

(2) 直接计入所有者权益的利得和损失：不应计入当期损益、会导致所有者权益发生增减变动的、与所有者投入资本或者向所有者分配利润无关的利得或者损失。其中，利得是指由企业非日常活动所形成的、会导致所有者权益增加的、与所有者投入资本无关的经济利益的流入。损失是指由企业非日常活动所发生的、会导致所有者权益减少的、与向所有者分配利润无关的经济利益的流出。

(3) 留存收益：企业历年实现的净利润中留存于企业的部分，主要包括盈余公积和未分配利润。

2. 所有者权益的确认条件

所有者权益的确认依赖于其他会计要素，尤其是资产和负债要素的确认。所有者权益的金额也主要取决于资产和负债的计量。

所有者权益项目应当列入资产负债表。

3. 所有者权益的分类

所有者权益按其构成的内容，可以分为以下五个项目。

(1) 实收资本（股本）：所有者投入的、构成注册资本或股本的部分。

(2) 资本公积：投资人投入的资本溢价或股本溢价以及其他资本公积。

(3) 其他综合收益：是指企业根据《企业会计准则》规定未在当期损益中确认的利得和损失。

(4) 盈余公积：按国家有关规定从税后利润中提取的公积金等。

(5) 未分配利润：企业留待以后年度分配的利润或待分配利润。

二、反映经营成果的会计要素

动态会计要素

（一）收入

1. 收入的定义

收入是指企业在日常活动中形成的、会导致所有者权益增加的、与所有者投入资本无关的经济利益的总流入。

收入具有以下几个方面的特征：

(1) 收入是企业在日常活动中所形成的。日常活动是指企业为完成其经营目标所从事的经常性的活动以及与之相关的活动。例如工业企业制造并销售产品，商业企业销售商品等。

(2) 收入会导致经济利益的流入。收入使企业资产增加或者负债减少，但这种经济利益的流入不包括由所有者投入资本的增加所引起的经济利益流入。

(3) 收入最终导致所有者权益增加。收入引起的经济利益流入使得企业资产增加或者负债减少，最终会导致所有者权益增加。

2. 收入的确认条件

当企业与客户之间的合同满足下列五项条件时，企业应当在客户取得相关商品控制权时确认收入。

(1) 合同各方已批准该合同并承诺将履行各自义务。

(2) 该合同明确了合同各方与所转让商品相关的权利和义务。

(3) 该合同有明确的、与转让商品相关的支付条款。

(4) 该合同具有商业实质，即履行该合同将改变企业未来现金流量的风险、时间分布或金额。

(5) 企业因向客户转让商品而有权取得的对价很可能收回。

3. 收入的分类

收入按其来源可分为：

(1) 主营业务收入，又称基本业务收入，是指企业在主要的生产经营活动中产生的收入，例如，工业企业在生产和销售商品的过程中所取得的收入。

(2) 其他业务收入，指企业在主营业务以外的生产经营活动中产生的收入，例如，材料的销售收入、技术转让收入、固定资产的出租收入等。

（二）费用

1. 费用的定义

费用是指企业在日常活动中发生的、会导致所有者权益减少的、与向所有者分配利润无关的经济利益的总流出。

根据费用的定义，费用具有以下几个方面的特征：

(1) 费用是在企业日常活动中产生的。日常活动中所发生的费用包括销售成本、职工薪酬、折旧费用等。

(2) 费用会导致经济利益的流出。费用使企业资产减少或者负债增加，但这种经济利益的流出不包括向所有者分配利润引起的经济利益流出。

(3) 费用最终导致所有者权益减少。费用引起的经济利益流出使得企业资产减少或者负债增加，最终会导致所有者权益减少。

2. 费用的确认条件

在符合费用的定义后，同时满足以下条件即可确认为费用：

(1) 与费用相关的经济利益很可能流出企业；

(2) 经济利益流出企业的结果会导致企业资产减少或者负债增加；

(3) 经济利益的流出额能够可靠计量。

符合费用定义和费用确认条件的项目，应当列入利润表。

思考：企业购买一台设备的支出，会被确认为费用吗？

3. 费用的分类

费用按性质可分为营业成本和期间费用。

(1) 营业成本：指已销售商品、已提供劳务等经营活动发生的生产(劳务)成本。

(2) 期间费用：包括企业行政管理部门为组织和管理生产经营活动而发生的管理费用，为筹集资金等而发生的财务费用，为销售商品和提供劳务而发生的销售费用和为组织商品流通而发生的进货费用。由于期间费用与会计期间直接相联，则期间费用与其发生期的收入相配比，在当期的利润中应全额予以抵减。

（三）利润

1. 利润的定义

利润是指企业在一定会计期间的经营成果。利润包括收入减去费用后的净额以及直接计入当期利润的利得和损失等。其中，

(1) 收入减去费用后的净额反映了企业日常经营活动的业绩；

(2) 直接计入当期利润的利得和损失是指应当计入当期损益、会导致所有者权益发生增减变动的、与所有者投入资本或者向所有者分配利润无关的利得或者损失。

2. 利润的确认条件

利润的确认主要依赖于收入、费用、利得和损失的确认。利润金额取决于收入和费用、直接计入当期利润的利得和损失金额的计量。

利润项目应当列入利润表。

3. 利润的分类

利润通常包括以下项目：

(1) 营业利润，即营业收入减去营业成本、税金及附加、期间费用和资产减值损失后，再加上公允价值变动收益(减损失)和投资收益(减损失)后的余额。

(2) 利润总额，即营业利润加营业外收支差额后的余额。

(3) 净利润，即利润总额减去所得税费用后的差额。

资产、负债、所有者权益、收入、费用和利润六大会计要素在《企业会计准则》中分别作了详细说明。会计要素的划分是设置会计科目和账户、构筑基本会计报表框架的依据，在会计核算上具有重要的意义。

任务三　认识会计等式

一、会计等式的含义

会计等式又称会计方程式，是表明企业会计各要素之间相互关系的代数方程表达式。会计等式揭示了会计要素之间的内在联系，因而成为会计核算的理论基础。

二、会计等式的形式

（一）资产、负债、所有者权益的关系等式

一个企业要开展生产经营活动，首先必须拥有一定数量的资产，如库存现金、银行存款等货币资金，或是材料、机器设备等实物资产等。资产是企业正常经营的物质基础。通常，企业的资产主要依托投资者的原始投入。此外，企业还可以通过向债权人举债的方式获取资产。显而易见，企业的资产来源无外乎投资者和债权人这两大途径。

由于企业资产的出资人包括投资者和债权人，因而对资产的要求权自然分为投资者权益和债权人权益。债权人权益，即负债，具体是指要求企业到期还本付息的权利。投资者权益或所有者权益是指所有者对企业资产抵减负债后的净资产所享有的权利。所有者权益与债权人享有的索偿权从性质上看是完全不同的，债权人对企业资产有索偿权，投资者提供的资产一般不规定偿还期限，也不规定企业应定期偿付的资产报酬，其享有在金额上等于投入资本加上企业自创立以来所累计的资本增值。因此，所有者权益又称净权益。

权益和资产密切相关，是对同一个企业的经济资源从两个不同的角度所进行的表述。资产表明的是企业经济资源存在的形式及分布情况，而权益则表明的是企业经济资源所产生的利益的归属。因此资产与权益从数量上总是相等的，有多少资产就应有多少权益，用公式表示即为

$$资产 = 权益$$

权益由负债和所有者权益组成。

资产、负债、所有者权益的关系可以表达为

$$资产 = 负债 + 所有者权益$$

这一等式称会计基本等式，又称会计恒等式。它说明了资产、负债和所有者权益三个会

计要素之间的基本关系，反映了企业在某一特定时点所拥有的资产及债权人和投资者对企业资产要求权的基本状况。这一等式是设置账户、复式记账和编制资产负债表的理论依据。

（二）收入、费用、利润的关系等式

企业运用债权人和投资者所提供的资产，经其经营运作后获得收入，同时以发生相关费用为代价。将一定期间实现的收入与费用配比，就能确定该期间企业的经营成果，用公式表示如下：

收入 − 费用 = 利润（亏损）

（三）会计六大要素的关系等式

如前所述，凡是收入，都会引起资产的增加或是负债的减少，进而使所有者权益增加；凡是费用，都会引起资产的减少或是负债的增加，进而使所有者权益减少。因此在会计期中，会计恒等式又有如下的转化形式

资产 = 负债 + 所有者权益 +（收入 − 费用）

资产 = 负债 + 所有者权益 + 利润

收入与费用两大会计要素记载的经济业务事项，依据配比原则并通过结账形成利润，最终转化为所有者权益。因此，在会计期末，会计恒等关系又恢复至其基本形式，即为

资产 = 负债 + 所有者权益

三、经济业务发生对会计等式的影响

经济业务发生对会计等式的影响

企业在经营过程中不断地发生着各种经济业务，这些经济业务的发生会对会计要素产生一定的影响，但无论发生什么样的经济业务，会计要素在数额上发生的增减变化都不会破坏会计等式的平衡关系。

企业的经济业务虽然多种多样，但归纳起来主要有九种基本类型，具体包括：资产项目此增彼减，资产和负债同时增加，资产和所有者权益同时增加，资产和负债同时减少，资产和所有者权益同时减少，负债增加、所有者权益减少，负债减少、所有者权益增加，负债项目此增彼减，所有者权益项目此增彼减。

现以 A 企业 2022 年 12 月份发生的部分经济业务事项为例，对上述九类基本经济业务事项作具体说明。

（一）资产项目此增彼减

【例 2-1】 企业以 30 000 元银行存款购入一台设备。

这笔购入设备业务使该企业资产中的固定资产增加 30 000 元，该企业因这一项投资使资产中的银行存款减少，金额为 30 000 元。这笔业务对会计等式的影响如表 2-1-1 所示。

表 2-1-1　资产项目此增彼减

单位：元

特定时点	资产	=	负债	+	所有者权益
经济业务事项发生前	10 000 000		1 500 000		8 500 000
经济业务事项引起的变动	+30 000 −30 000				
经济业务事项发生后	10 000 000	=	1 500 000	+	8 500 000

（二）资产和负债同时增加

【例 2-2】　企业赊购材料 10 000 元。

这笔赊购材料业务增加了材料，即存货资产，同时也使企业负债中的应付账款项目增加，两者的金额均为 10 000 元。这笔业务对会计等式的影响如表 2-1-2 所示。

表 2-1-2　资产和负债同时增加

单位：元

特定时点	资产	=	负债	+	所有者权益
经济业务事项发生前	10 000 000		1 500 000		8 500 000
经济业务事项引起的变动	+10 000		+10 000		
经济业务事项发生后	10 010 000	=	1 510 000	+	8 500 000

（三）资产和所有者权益同时增加

【例 2-3】　企业收到投资者投入资金 1 000 000 元。

这笔投入资金业务使企业资产中的银行存款增加，同时也使得所有者权益中的实收资本增加，两者金额均为 1 000 000 元。这笔业务对会计等式的影响如表 2-1-3 所示。

表 2-1-3　资产和所有者权益同时增加

单位：元

特定时点	资产	=	负债	+	所有者权益
经济业务事项发生前	10 010 000		1 510 000		8 500 000
经济业务事项引起的变动	+1 000 000				+1 000 000
经济业务事项发生后	11 010 000	=	1 510 000	+	9 500 000

（四）资产和负债同时减少

【例 2-4】　企业以 40 000 元银行存款偿还之前欠的材料购货款。

这笔偿还购货款业务使企业资产中的银行存款减少，而减少的存款正好予以弥补应付账款，使负债也发生减少，两者金额均为 40 000 元。这笔业务对会计等式的影响如表 2-1-4 所示。

表 2-1-4　资产和负债同时减少　　单位：元

特定时点	资产	=	负债	+	所有者权益
经济业务事项发生前	11 010 000		1 510 000		9 500 000
经济业务事项引起的变动	−40 000		−40 000		
经济业务事项发生后	10 970 000		1 470 000	+	9 500 000

（五）资产和所有者权益同时减少

【例 2-5】 企业以 20 000 元银行存款分配股利。

这笔业务使企业资产中的银行存款减少，同时利润分配导致所有者权益减少，两者金额均为 20 000 元。这笔业务对会计等式的影响如表 2-1-5 所示。

表 2-1-5　资产和所有者权益同时减少　　单位：元

特定时点	资产	=	负债	+	所有者权益
经济业务事项发生前	10 970 000		1 470 000		9 500 000
经济业务事项引起的变动	−20 000				−20 000
经济业务事项发生后	10 950 000	=	1 470 000	+	9 480 000

（六）负债增加，所有者权益减少

【例 2-6】 企业宣告分派股利 25 000 元。

由于股利未付这笔业务使企业负债中的应付股利增加，同时通过利润分配导致所有者权益减少，两者金额均为 25 000 元。这笔业务对会计等式的影响如表 2-1-6 所示。

表 2-1-6　负债增加，所有者权益减少　　单位：元

特定时点	资产	=	负债	+	所有者权益
经济业务事项发生前	10 950 000		1 470 000		9 480 000
经济业务事项引起的变动			+25 000		−25 000
经济业务事项发生后	10 950 000	=	1 495 000	+	9 455 000

（七）负债减少，所有者权益增加

【例 2-7】 企业与某债权人达成协议，将其 100 000 元应付账款转为对本企业的投资。

这笔业务使企业负债中的应付账款减少同时，也增加了所有者权益中的实收资本，两者金额均为 100 000 元。这笔业务对会计等式的影响如表 2-1-7 所示。

表 2-1-7　负债减少，所有者权益增加　　单位：元

特定时点	资产	=	负债	+	所有者权益
经济业务事项发生前	10 950 000		1 495 000		9 455 000
经济业务事项引起的变动			−100 000		+100 000
经济业务事项发生后	10 950 000	=	1 395 000	+	9 555 000

（八）负债项目此增彼减

【例 2-8】 企业向银行取得短期借款，直接偿还应付账款 80 000 元。

这笔业务使企业增加了负债项目的短期借款，取得的短期借款直接用以冲减短期借款，使应付账款金额减少，两者金额均为 80 000 元。这笔业务对会计等式的影响如表 2-1-8 所示。

表 2-1-8　负债项目此增彼减

单位：元

特定时点	资产	=	负债	+	所有者权益
经济业务事项发生前	10 950 000	=	1 395 000	+	9 555 000
经济业务事项引起的变动			+80 000 −80 000		
经济业务事项发生后	10 950 000	=	1 395 000	+	9 555 000

（九）所有者权益项目此增彼减

【例 2-9】 企业以盈余公积 300 000 元转增资本。

这笔业务一方面使企业所有者权益中的盈余公积减少，另一方面使企业所有者权益中的其他项目实收资本增加，两者金额均为 300 000 元。这笔业务对会计等式的影响如表 2-1-9 所示。

表 2-1-9　所有者权益项目此增彼减

单位：元

特定时点	资产	=	负债	+	所有者权益
经济业务事项发生前	10 950 000		1 395 000		9 555 000
经济业务事项引起的变动					+300 000 −300 000
经济业务事项发生后	10 950 000	=	1 395 000	+	9 555 000

上述九种基本经济业务类型可作如表 2-1-10 所示。

表 2-1-10　会计汇总类型一览表

单位：元

	资产	=	负债	+	所有者权益
1	+−				
2	+		+		
3	+				+
4	−		−		
5	−				−
6			+		−
7			−		+
8			+−		
9					+−

上述经济业务事项的九种基本类型，会计基本等式的两边会发生同增或同减的数目变化(第2、3、4、5)，或是会计基本等式一边发生此增彼减的数目变化(第1、6、7、8、9)。但无论是哪一种情况，均不会破坏资产、负债及所有者权益之间的数量恒等关系。

实际中，还可能涉及一些更为复杂的情形。

【例2-10】 企业购买一台价值50 500元的机器设备，其中50 000元以转账支票支付，余款以库存现金付讫。

这笔经济使企业资产项目中的固定资产增加50 500元，银行存款减少50 000元，库存现金减少500元。这笔业务对会计等式的影响如表2-1-11所示。

表2-1-11 复杂业务

单位：元

特定时点	资产	=	负债	+	所有者权益
经济业务事项发生前	10 950 000		1 395 000		9 555 000
经济业务事项引起的变动	+50 500 −50 000 −500				
经济业务事项发生后	10 950 000	=	1 395 000	+	9 555 000

虽然这笔业务涉及两个以上的项目，但总体上仍属于资产项目此增彼减的基本业务类型，对会计等式的数量平衡关系没有任何影响。

【例2-11】 企业向银行取得600 000元的长期借款，其中500 000元直接用于偿还短期借款，余款存入银行。

这笔经济使企业负债中的长期借款增加600 000元，短期借款减少500 000元，资产项目中的银行存款增加100 000元。这笔业务对会计等式的影响如表2-1-12所示。

表2-1-12 复杂业务

单位：元

特定时点	资产	=	负债	+	所有者权益
经济业务事项发生前	10 950 000		1 395 000		9 555 000
经济业务事项引起的变动	+100 000		+600 000 −500 000		
经济业务事项发生后	11 050 000	=	1 495 000	+	9 555 000

这笔业务同时包含了负债项目此增彼减和资产与负债同时增加两种基本业务类型。这一类会计事项称为复合业务。同时，正如上述分析所示，复合业务同样不对会计恒等关系产生任何影响。

明确会计事项的类型，对于会计核算，尤其是复式记账的运用是有重要的意义。

【课后思考】

一、简答题

1. 什么是会计要素？会计要素的内容有哪些？
2. 什么是会计等式？
3. 会计等式有哪些？
4. 经济业务的类型有哪些？

二、计算题

某企业有关会计要素的数据如下：

负债 5 000 万元，所有者权益 8 000 万元，费用 20 000 万元，利润 6 000 万元

要求：根据会计要素的关系，计算资产总额和收入总额。

项目二　会计科目与账户

学习目标

(1) 了解会计科目的含义。
(2) 理解会计科目与会计要素的关系。
(3) 掌握会计科目的类别。
(4) 理解会计账户的结构。
(5) 理解设置会计账户的原则。

导入案例

会计核算的主要对象是企业发生的各项经济业务事项，虽然通过会计要素的设置，可以使这些经济业务事项按资产、负债、所有者权益、收入、费用和利润等类型进行分类、归纳与整理，但由于会计要素本身所涉及的内容较为复杂，因此，所提供的分类信息仍不能满足企业日常管理的需要。为了能提供更为详细的分类信息，设置会计科目与账户则成为会计核算中用于连续地、系统地、分类地对会计对象进行确认、计量、记录和报告的基础方法。

任务一　认识会计科目

一、会计科目的含义

会计科目，简称科目，是对会计要素进一步分类形成的项目，也是对各项会计要素在科学分类的基础上所赋予的名称。

设置会计科目就是根据会计对象的具体内容和管理要求，事先规定分类核算项目和标准。

二、设置会计科目的要求

企业所使用的会计科目一般应根据《企业会计准则》中的统一规定为基准，根据企业自身的生产经营特点增加或减少某些会计科目。

值得一提的是，随着会计核算制度改革的进一步深化，会计核算工作将逐步实行在会计准则统一规范下由各单位自行组织的模式，企业对会计科目的选择和使用有较大的自主权和灵活性。但是，这并不是说企业可以随意使用甚至滥用会计科目，应当有一定的前提条件：一是设置和使用的会计科目，其核算的内容应当符合国家统一的会计制度的规定；二是所使用的会计科目应当能够满足编制财务会计报告的要求，保证财务会计报告数据的真实、完整。目前，企业常用的会计科目如表 2-2-1 所示。

表 2-2-1　企业主要会计科目表

编号	会计科目名称	编号	会计科目名称	编号	会计科目名称
一、资产类		一、资产类		四、所有者权益类	
1001	库存现金	1604	在建工程	4001	实收资本（股本）
1002	银行存款	1605	工程物资	4002	资本公积
1012	其他货币资金	1606	固定资产清理	4003	其他综合收益
1101	交易性金融资产	1701	无形资产	4101	盈余公积
1121	应收票据	1702	累计摊销	4103	本年利润
1122	应收账款	1703	无形资产减值准备	4104	利润分配
1123	预付账款	1711	商誉	4201	库存股
1131	应收股利	1801	长期待摊费用		
1132	应收利息	1811	递延所得税资产		
1221	其他应收款	1901	待处理财产损溢	五、成本类	
1231	坏账准备	二、负债类		5001	生产成本
1321	代理业务资产	2001	短期借款	5101	制造费用
1401	材料采购	2201	应付票据	5201	合同履约成本
1402	在途物资	2202	应付账款	5301	研发支出
1403	原材料	2203	预收账款	5401	工程施工
1404	材料成本差异	2211	应付职工薪酬	5402	工程结算
1405	库存商品	2221	应交税费	5403	机械作业
1406	发出商品	2231	应付利息	六、损益类	
1407	商品进销差价	2232	应付股利	6001	主营业务收入
1408	委托加工物资	2241	其他应付款	6051	其他业务收入
1411	周转材料	2401	递延收益	6101	公允价值变动损益
1471	存货跌价准备	2501	长期借款	6111	投资收益
1501	债权投资	2502	应付债券	6301	营业外收入
1502	债权投资减值准备	2701	长期应付款	6401	主营业务成本
1503	其他债权投资	2702	未确认融资费用	6402	其他业务成本
1511	长期股权投资	2711	专项应付款	6403	税金及附加
1512	长期股权投资减值准备	2801	预计负债	6601	销售费用
1521	投资性房地产	2901	递延所得税负债	6602	管理费用
1531	长期应收款	三、共同类		6603	财务费用
1541	未实现融资收益	3001	清算资金往来	6701	资产减值损失
1601	固定资产	3002	货币兑换	6711	营业外支出
1602	累计折旧	3101	衍生工具	6801	所得税费用
1603	固定资产减值准备	3201	套期工具	6901	以前年度损益调整

三、会计科目的类别

（一）按反映的经济内容不同划分

会计科目按其反映的经济内容不同，分为资产类、负债类、共同类、所有者权益类、成本类和损益类。

1. 资产类科目

资产类科目是用以反映资产要素具体内容的会计科目，如反映流动资产的“库存现金”“银行存款”“应收票据”“应收账款”“原材料”“库存商品”等科目，反映非流动资产的“固定资产”“无形资产”“长期股权投资”“债权投资”“长期待摊费用”等科目。

2. 负债类科目

负债类科目是用以反映负债要素具体内容的会计科目，如反映流动负债的“短期借款”“应付账款”“应付票据”“应付职工薪酬”“应交税费”等科目，反映非流动负债的“长期借款”“长期应付款”等科目。

3. 共同类科目

共同类科目是既用以反映资产要素内容又用以反映负债要素内容的会计科目，主要适用于金融类企业，如“清算资金往来”“货币兑换”“衍生工具”等科目。

4. 所有者权益类科目

所有者权益类科目是用以反映所有者权益要素具体内容的会计科目。例如，反映企业资本金的“实收资本”，反映留存收益的“盈余公积”“未分配利润”等科目。

5. 成本类科目

成本类科目是用以反映企业在产品生产过程中发生的各种直接费用和间接费用的会计科目。如“生产成本”“制造费用”“研发支出”“合同履约成本”等科目。

6. 损益类科目

损益类科目是用以反映企业在生产经营过程中取得的各项收入和发生的各项费用的会计科目。例如，反映收入的“主营业务收入”“其他业务收入”等科目，反映费用的“管理费用”“销售费用”“财务费用”等科目。

（二）按所提供信息的详细程度划分

会计科目按所提供信息的详细程度及统驭关系分为总分类科目和明细分类科目。

1. 总分类科目

总分类科目又称为总账科目或一级科目，是指对会计要素具体内容进行总括分类核算的科目，如“原材料”“应收账款”等科目。

2. 明细分类科目

明细分类科目又称为明细科目，是指对总分类科目所包含的内容作进一步分类的科目，它提供更详细的核算资料。

为适应管理需要，明细科目可以设置二级明细科目、三级明细科目以至更多的级次。如在“应收账款”总分类科目下可以开设“应收账款——A 公司”“应收账款——B 公司”等明细科目。

3. 总分类科目和明细分类科目的关系

总分类科目和明细分类科目反映的经济内容相同，只是提供的核算信息详细程度不同。总分类科目提供的是总括、综合的核算信息，而其所属的明细分类科目提供的是详细、具体的核算信息。因此，总分类科目对明细分类科目具有统驭控制作用，明细分类科目对总分类科目起着补充说明的作用。

任务二　会计账户的设置

一、会计账户的概念

会计账户是根据会计科目设置的，具有一定格式和结构，用来连续、系统、分类地记录和反映会计要素变动情况的工具，是对会计信息进行记录、整理、加工的载体。

二、会计账户与会计科目的关系

会计账户与会计科目既相互联系，又有所区别。

会计账户是对会计事项进行分类核算的工具，每个会计账户都应反映一定的经济内容，会计账户与会计科目所反映的经济内容是相同的，会计账户的名称就是会计科目。

然而从理论上分析，账户与科目有一定的区别。会计科目只表明某项经济内容，而会计账户不仅表明相同的经济内容，且具备一定的结构格式，用以反映经济业务事项所引起的数量增减变化及其结果的情况。

三、会计账户的结构

会计账户是在对会计要素的具体分类的基础上登记经济业务事项的工具和载体，这就决定了它必须具有合理的结构，这也是会计账户与会计科目的根本性区别。

账户的分类和结构

1. 会计账户的基本结构

任何一项经济业务事项发生所引起的数量变动，不外乎两种情况：增加或是减少。因此，账户也需要根据经济业务事项相应地分为左右两方，一方用于登记增加额，另一方面用于登记减少额。这就构成了会计账户的基本结构。此外，还需要设置若干辅助栏目，用以登记反映经济业务事项和账簿记录详细情况的其他内容。所以，作为账户的基本结构，一般应包括以下内容：

(1) 账户的名称 (会计科目)——规定账户所要记录的经济业务事项内容；

(2) 日期——记录经济业务事项日期；

(3) 凭证号——标明账户记录所依据的会计凭证；

(4) 摘要——简要说明经济业务事项的内容；

(5) 金额——增加金额、减少金额和余额。

账户的基本结构格式如表 2-2-2 所示。

表 2-2-2　账户名称（会计科目）

日期	凭证号	摘要	增加金额	减少金额	余额

上述格式是账户的基本格式，也是手工记账通常采用的格式。

为了方便起见，在教学与科研中可将上述的账户格式简化为“T”形账户，即只保留账户的金额栏，其余栏目予以删去，如表 2-2-3 所示。

表 2-2-3　“T”形账户

左方	账户名称	右方

账户左右两方，哪一方登记增加额，哪一方登记减少额，其余额在哪一方，均取决于记账方法和账户本身的性质。

2. 会计账户的金额

账户左右两方的金额栏，一方登记增加额，另一方登记减少额。增减相抵后的差额作为账户的余额。余额按其列示的时间分为期初余额和期末余额。所以，账户中所记录的金额包括：期初余额、本期增加额、本期减少额和期末余额。

本期增加额又称为本期增加发生额，是指一定时期内在账户中记录的增加金额。本期减少额又称为本期减少发生额，是指一定时期内在账户中记录的减少金额。期初余额和本期增加发生额之和与本期减少发生额相抵后的差额就是期末余额。本期的期末余额结转至下期，就是下期的期初余额。

这种金额的数量关系用公式表示如下：

期末余额 = 期初余额 + 本期增加发生额 − 本期减少发生额

四、会计账户设置的原则

为了正确设置账户，充分发挥账户在会计核算中的作用，设置账户应遵循以下基本原则：

(1) 要结合企业生产经营的特点，满足会计核算的要求。不同性质的企业，其生产经营各具特色。企业在设置账户时，要充分结合本单位的具体经济活动的特点。例如，制造企业的主要经营活动分为供、产、销三个阶段，因此相对应的账户设置中就有“材料采购”“生产成本”“主营业务收入”等账户。企业设置的账户一方面要有其明确的、独特的核算内容；另一方面，企业会计账户所构成的账户体系应该涵盖所有会计要素的内容，反映会计对象的全貌。

(2) 要结合会计核算对象的特点，满足经济管理的要求。设置账户的目的是用来分类处理与传输有关的会计信息的，因此账户的设置必须结合各单位会计核算对象的特点。例如，在选择以权责发生制为会计基础的企业，就应相应地设置“应收账款”“预收账款”“应付账款”“预付账款”等账户。账户的设置还应充分考虑到会计核算信息的输出，以满足宏观经济的管理、企业投资者和债权人等外部信息使用者与企业内部经济管理的需要。

(3) 要结合记账方法的特点，满足会计工作内部分工的要求。不同的记账方法对账户设置的要求不完全相同，因此，账户的设置必须考虑所运用的记账方法。同时，账户的设置还要充分考虑企业内部的岗位责任制的实施，满足会计核算工作内部分工的需求。

【课后思考】

一、简答题

1. 什么是会计科目？
2. 什么是会计账户？
3. 会计科目和会计账户的区别？
4. 设计会计账户的原则是什么？

二、分析题

A 企业是一家制造企业，请分析判断表 2-2-4 所示的经济业务应设置的会计科目。

表 2-2-4　A 企业经济业务表

序号	经济业务内容	会计要素	会计科目
1	厂房和建筑物		
2	机器设备		
3	从银行借入1年借款		
4	存放在银行的款项		
5	应收未收回的货款		
6	库存生产用材料		
7	应付的工资		
8	预收客户订金		
9	未分配利润		
10	提取的盈余公积		

项目三 记 账 方 法

学习目标

(1) 了解记账方法的含义及种类。
(2) 掌握借贷记账法下各类账户的使用。
(3) 掌握会计分录的编制及书写格式。
(4) 能够编制试算平衡表。

导入案例

“借”“贷”两个字的由来

借贷记账法是以“借”“贷”两个字作为记账符号的。从借贷记账法的产生来看，“借”“贷”两个字最初是从借贷资本家角度来解释的。大约在13世纪，意大利沿地中海各城市的商品经济有很大的发展，商业资本和借贷资本也较发达。当时，佛罗伦萨一带经营钱庄的商人，一方面收存商人的游资，给以利息；另一方面把钱借给别的商人，收取较高的利息。当时按每个户头分为借方和贷方。向借贷资本家借款的债务人，其借款数额记在该人账户的借方，表示人欠（指他人的欠款）的增加；当收回借出款项后作相反记录，表示人欠的抵消。向借贷资本家存款的债权人，其存款数额记在该人账户的贷方，表示人欠的增加，当归还存入款项后作相反记录。可见当时“借”“贷”两个字具有实际的意义，反映了债权与债务关系。

想一想？生活中在哪儿看到过“借”“贷”两个字？

任务一 了解记账方法

一、了解记账方法

（一）记账方法的含义

在设置了会计科目与账户后，就有了记录经济业务事项的信息载体。进行账户登记则涉及记账方法的选用。

记账方法是指使用特定的记账符号，按照一定的规则，在账户中登记各种经济业务的技术方法。一般来说，一种记账方法主要包括以下要素：账户设置的方法、记账符号、记录方法、记账规则、对账方法和平衡方式。

（二）记账方法的种类

从会计发展的初期至今，曾经使用和正在使用的记账方法可以分为两类：单式记账法和复式记账法。

单式记账法是指一项经济业务发生后只在一个账户中进行记录的记账方法。

复式记账法由单式记账法发展而来，是指一项经济业务发生后要在两个或两个以上相互联系的账户中进行记录的记账方法。

在单式记账法下，所有的经济业务事项只作单方面的登记，通常只将现金、银行存款的收付款业务和债权、债务等往来结算业务在账户中进行登记，而对实物的收付业务一般不作登记。

例如，以银行存款 20 000 元购买原材料，记账时在银行存款账上记录减少了 20 000 元，而原材料账户就不登记增加 20 000 元。因此，单式记账法虽然简便，但不可避免地存在着单方面记录的弊病，难以从会计记录中反映经济业务事项的全貌，无法形成连续、系统且又严密的会计信息记录，不便于检查账户记录的正确性，所以单式记账法现在已很少使用。

二、复式记账法

（一）复式记账法的含义

复式记账法由单式记账法发展而来，它是指以资产与权益平衡关系作为记账基础，对每一笔经济业务都要在两个或两个以上相互联系的账户中进行登记，以系统地反映资金运动变化的一种记账方法。

例如，用银行存款 20 000 元购买原材料，采用复式记账法一方面要在银行存款账户上记录减少了 20 000 元，同时还要以相等的金额在原材料账户上记录原材料增加了 20 000 元，因而能够清晰地反映出整个经济业务事项的来龙去脉。

复式记账法的内容包括两个要点：

(1) 每一项经济业务都要在两个或两个以上相互联系的账户中同时进行登记。

(2) 登记时，如果是记入两个账户，那么记入这两个账户的金额必须相等；如果是记入两个以上的账户，则将这些账户划归到会计等式两方会计要素的有关项目内，其两方金额相等。

（二）复式记账法的特征

根据上述复式记账法的含义和内容要点，不难看出复式记账法有以下两个特征：

(1) 可以了解每一项经济业务的来龙去脉，以及经济活动的过程和结果。

(2) 可以对账户记录的结果进行试算平衡，以检查账户记录的准确性。

（三）复式记账法的种类

复式记账思想不只是产生于西方，我国古代就有复式记账思想，它的产生和发展经历了三角账、龙门账、四角账三个时期。从会计实践的历史来看，复式记账方法又可分为收付记账法、增减记账法、借贷记账法三种。

任务二　了解借贷记账法

借贷记账法

一、借贷记账法的含义

借贷记账法是以“借”“贷”为记账符号的一种复式记账法。

借贷记账法是一种建立在“资产 = 负债 + 所有者权益”会计等式的基础上，以“有借必有贷，借贷必相等”为记账规则，反映会计要素的增减变动情况的复式记账方法。

作为复式记账法的一种方式，借贷记账法主要包括记账符号、账户结构、记账规则、试算平衡等四个方面的基本内容。

借贷记账法体现在“T”形账户中是：账户的左方即“借方”，账户的右方即“贷方”，如表 2-3-1 所示。

表 2-3-1　账户基本结构

借方	账户名称	贷方

小贴士

在账户中，左边标明“借方”，右边标明“贷方”，其含义取决于账户所反映的经济内容，即账户性质。交易或事项发生以后，引起的资产增加和负债、权益减少，记入账户的“借方”；引起的资产减少和负债、权益增加，记入账户的“贷方”。

借和贷的记录方式是建立在会计等式基础上的，资产和负债、所有者权益在等式的相反方向，因此，记录的方式正好相反，如表 2-3-2 所示。

表 2-3-2　账户结构

资产 = 负债 + 所有者权益					
借	贷	借	贷	借	贷
资产增加	资产减少	负债减少	负债增加	权益减少	权益增加

由于利润是所有者权益的组成部分，而

$$利润 = 收入 - 费用$$

因此可以得到以下变形公式

资产 = 负债 + 所有者权益 + 利润

资产 = 负债 + 所有者权益 + 收入 − 成本费用

资产 + 成本费用 = 负债 + 所有者权益 + 收入

注意：资产与费用在借贷的增减方向上应一致，负债、所有者权益与收入在借贷的增减方向上应一致。

二、借贷记账法下各类账户的结构

账户除了名称（会计科目）外，还应有一定的结构。账户结构是反映账户内容的组成要素，账户结构是由账户所反映的经济内容所决定的。不同性质的账户其结构中所反映的资金数量的增减方向也有所不同。对于一个账户来说，如果借方用来登记增加额，则贷方就要用来登记减少额，反之如果借方用来登记减少额，则贷方就要用来登记增加额。在一个会计期间内，借方登记的发生额称为借方发生额，贷方登记的发生额称为贷方发生额，借方和贷方之间的差额称为余额，如果借方数额大于贷方数额，称为借方余额；如果贷方数额大于借方数额，称为贷方余额。余额按照表示的时间不同，分为期初余额和期末余额。下面把各类账户的结构用“T”形账户加以说明。

(1) 资产类账户的登记方法和结构。资产类账户的结构主要体现在资产账户的“借方”登记“增加数”，“贷方”登记“减少数”，其余额一般为“借方余额”，反映资产的实有数。

资产类账户的基本结构如表 2-3-3 所示。

表 2-3-3　资产类账户结构

借方	资产类账户		贷方
期初余额：	×××		
本期增加额：	×××	本期减少额：	×××
	……		……
本期借方发生额：	×××	本期贷方发生额：	×××
期末余额：	×××		

资产类账户的登记方法：登记资产时，首先将期初余额记入账户余额栏中，并注明是借方余额，然后按照经济业务事项发生的时间顺序进行登记。本期发生的增加数登记在借方，本期发生的减少数登记在贷方，再计算出本期借方发生额合计和贷方发生额合计，最后计算出期末余额。期末借方余额可用下列计算公式表示：

期末借方余额 = 期初借方余额 + 本期借方发生额 − 本期贷方发生额

现以“原材料”账户为例说明资产账户的登记方法，如表 2-3-4 所示。

表 2-3-4　原材料账户

账户名称：原材料　　　　单位：元

2022 年		凭证号数	摘要	借方	贷方	借或贷	余额
月	日						
12	1	（略）	期初余额			借	2 000
	4		购进材料	3 000		借	5 000
	10		领用材料		4 000	借	1 000
	16		购进材料	5 000		借	6 000
	28		领用材料		1 000	借	5 000
	31		本期发生额及期末余额	8 000	5 000	借	5 000

借方	原材料		贷方
期初余额：	2 000		
本期增加额：	3 000	本期减少额：	4 000
	5 000		1 000
本期借方发生额：	8 000	本期贷方发生额：	5 000
期末余额：	5 000		

(2) 负债或所有者权益类账户的登记方法和结构。负债及所有者权益类账户同属于权益类账户，由于资产与权益是同一事物的两个方面，因而权益类账户的结构与资产类账户结构是正好相反的，即贷方登记增加数，借方登记减少数，其余额一般为贷方余额，反映的是负债应付数及所有者权益的实有数。

负债或所有者权益类账户的基本结构如表 2-3-5 所示。

表 2-3-5　权益类账户结构

借方	负债或所有者权益类账户名称		贷方
		期初余额：	×××
本期减少额：	×××	本期增加额：	×××
	……		……
本期借方发生额：	×××	本期贷方发生额：	×××
		期末余额：	×××

负债或所有者权益类账户和登记方法：登记负债或所有者权益类账户时，首先将期初余额记入账户余额栏中，并注明是贷方余额，然后按照经济业务事项发生的时间顺序登记，负债及所有者权益的增加数登记在贷方，负债及所有者权益的减少数登记在借方，再计算本期借方发生额和本期贷方发生额，最后计算期末余额。

负债或所有者权益类账户期末余额与本期发生额的关系可以用下列计算公式表示：

期末贷方余额 = 期初贷方余额 + 本期贷方发生额 − 本期借方发生额

现以“应付账款”“实收资本”账户为例，分别说明负债及所有者权益类账户的登记方法，如表 2-3-6 所示。

表 2-3-6　应付账款账户

账户名称：应付账款　　　　　　　　　　　　　　　　　　　　　　单位：元

2022 年		凭证号数	摘要	借方	贷方	借或贷	余额
月	日						
12	1	略	期初余额			贷	28 000
	7		购入材料欠款		5 000	贷	33 000
	16		购入材料欠款		10 000	贷	43 000
	29		归还欠款	12 000		贷	31 000
	31		本期发生额及期末余额	12 000	15 000	贷	31 000

借方　　　　　　　　应付账款　　　　　　　　贷方

借方		贷方	
		期初余额：	28 000
本期减少额：	12 000	本期增加额：	5 000 10 000
本期借方发生额：	12 000	本期贷方发生额：	15 000
		期末余额：	31 000

账户名称：实收资本　　　　　　　　　　　　　　　　　　　　　　单位：元

2022 年		凭证号数	摘要	借方	贷方	借或贷	余额
月	日						
12	1	（略）	期初余额			贷	180 000
	10		资金投入		100 000	贷	280 000
	19		设备投入		50 000	贷	330 000
	25		转出	20 000		贷	310 000
	31		本期发生额及期末余额	20 000	150 000	贷	310 000

借方　　　　　　　　实收资本　　　　　　　　贷方

借方		贷方	
		期初余额：	180 000
本期减少额：	20 000	本期增加额：	100 000 50 000
本期借方发生额：	20 000	本期贷方发生额：	150 000
		期末余额：	310 000

(3) 成本费用类账户结构和登记方法。企业在生产经营中所发生的各种耗费，在抵消之前，可将其视为一种资产。所以，成本费用类账户的结构与资产类账户的结构基本相同，账户的借方登记增加额，贷方登记减少额或转销额。由于借方登记的增加额一般都要通过贷方转出，因此，除反映成本的账户外，费用类账户期末一般没有余额。成本类账户如果有余额，一定为借方余额。

成本费用类账户基本结构如表 2-3-7 所示。

表 2-3-7　成本费用类账户结构

单位：元

借方	成本（费用）类账户名称		贷方
期初余额：	×××	本期减少额	×××
本期增加额：	×××	或结转额：	
	……		……
本期借方发生额：	×××	本期贷方发生额：	×××
期末余额：	×××		

现以“管理费用”账户为例说明费用账户的登记方法，如表 2-3-8 所示。

表 2-3-8　管理费用账户

账户名称：管理费用　　单位：元

2022 年		凭证号数	摘　要	借方	贷方	借或贷	余额
月	日						
12	5	（略）	购办公用品费	5 000		借	5 000
	8		分配工资费	6 000		借	11 000
	20		计提折旧费	4 000		借	15 000
	31		月末结转		15 000	平	0
	31		本期发生额及期末余额	15 000	15 000	平	0

借方	管理费用		贷方
本期增加额：	5 000	本期	
	6 000	结转额：	15 000
	4 000		
本期借方发生额：	15 000	本期贷方发生额：	15 000

(4) 收入类账户的结构和登记方法。收入的取得使企业资产增加或负债减少，从而引起所有者权益的增加。由于收入账户的结构与负债及所有者权益类账户的结构基本相同，因而收入类账户的贷方登记收入增加额，借方登记收入减少额或转销额；由于贷方登记的收入增加额一般通过借方转出，所以这类账户通常没有期末余额。

收入类账户的基本结构如表 2-3-9 所示。

表 2-3-9　收入类账户的基本结构

单位：元

借方		收入类账户名称	贷方
减少额 或转销额：	××× ……	增加额：	××× ……
本期借方发生额：	×××	本期贷方发生额：	×××

现以“主营业务收入”为例，说明收入账户的登记方法，如表 2-3-10 所示。

表 2-3-10　主营业务收入账户

账户名称：主营业务收入　　　　单位：元

2022 年		凭证号数	摘要	借方	贷方	借或贷	余额
月	日						
12	2	（略）	销售 A 产品		23 400	贷	23 400
	15		销售 B 产品		11 700	贷	35 100
	20		销货退回	3 000		贷	32 100
	31		月末结转	32 100		平	0
	31		本期发生额及期末余额	35 100	35 100	平	0

借方		主营业务收入	贷方
减少额 或转销额：	3 000 32 100	增加额：	23 400 11 700
本期借方发生额：	35 100	本期贷方发生额：	35 100

综上所述可以看出，“借”“贷”二字作为记账符号所表示的经济含义是不一样的。在借贷记账法下，“借”表示资产、成本费用的增加，负债、所有者权益、收入的减少；“贷”表示资产、成本费用的减少，负债、所有者权益、收入的增加。

根据上述对资产、负债、所有者权益、成本费用、收入五类账户结构的描述，可以将账户借、贷方发生额的基本特点归纳为账户结构总结表，如表 2-3-11 所示。

表 2-3-11　账户结构总结表

账户借方登记	账户贷方登记
资产的增加 负债的减少 所有者权益的减少 成本费用的增加 收入的减少(利润减少)	资产的减少 负债的增加 所有者权益的增加 成本费用的减少 收入的增加(利润增加)
资产、成本期末余额	负债、所有者权益期末余额

作为记账符号，“借”“贷”二字指示着账户登记的方向是左边还是右边。一般来说，各类账户的期末余额与登记增加额的一方在同一方向，即资产类账户的期末余额一般在借方，负债及所有者权益类账户的期末余额一般在贷方。因此，根据账户余额所在的方向来判断账户性质，成为借贷记账法的一个重要特点。这一特点决定了在借贷记账法下可以设置双重性质的账户，即不要求所有账户都按照会计等式两方分设。例如，当债权债务的业务在同一个企业发生时，就不必再为同一个企业设置两个账户，只需将发生的应收和应付账款业务合为一个账户 (称往来账户) 进行核算即可。发生应收账款业务时记入“往来款项”账户的借方，发生应付账款时记入“往来款项”账户的贷方。在这种情况下，账户的余额虽然不一定固定在哪一方，但可以根据账户期末余额的方向来确定账户的性质。如果该账户期末余额在借方，则反映债权性质；如果期末余额为贷方余额，则反映该账户属于债务性质。

对于与同一个单位经常发生往来款项的企业来说，设置双重性质的账户可以减少账户设置，简化记账手续。

三、借贷记账法的记账规则

记账规则是指采用某种记账方法登记具体经济业务应遵循的规律。借贷记账法的记账规则可以用一句话来概括，即“有借必有贷，借贷必相等”。在账户中登记任何一笔经济业务都必须满足这个规则。“有借必有贷”是指一笔业务登记在一个账户的借方，必然同时还要登记在另一个账户的贷方，这是所有复式记账方法的要求。“借贷必相等”是指登记在借方的金额一定等于登记在贷方的金额，这是会计等式的要求。从会计的角度来看，企业发生的经济业务就是引起会计要素的增减变动，但是不论怎么变化，都不会影响会计等式的平衡关系，因而登记在借方的金额必然与登记在贷方的金额相等。

在实际中运用借贷记账法时，可以按照下面的步骤来进行：

(1) 判断具体经济业务事项的类型；

(2) 判断具体经济业务事项所涉及的账户及增减变动情况；

(3) 根据账户的结构，判断应借应贷的账户名称及金额。

下面以日丰厂某年 8 月份发生的经济业务为例来说明借贷记账法记账规则的具体运用。

【例 2-12】 企业收到投资者的投入资金 1 000 000 元，并将这笔资金存入企业银行存款账户。

分析：该笔经济业务的类型属于资产与所有者权益同增，其中资产中的银行存款增加，所有者权益中的实收资本增加。根据资产增加记借方，所有者权益增加记贷方的要求，这笔业务应借记“银行存款”账户 1 000 000 元，贷记“实收资本”账户 1 000 000 元。

具体登记如表 2-3-12 所示。

表 2-3-12　资产与所有者权益同增

单位：元

所有者权益类账户				资产类账户		
借方	实收资本	贷方		借方	银行存款	贷方
	①	1 000 000	——	①	1 000 000	

【例 2-13】 企业以银行存款偿还前期欠工厂的材料款 40 000 元。

分析：该笔经济业务的类型属于资产与负债同减，其中资产中的银行存款减少，负债中的应付账款减少。根据资产减少记贷方，负债减少记借方，这笔业务应借记“应付账款”账户 40 000 元，贷记“银行存款”账户 40 000 元。

具体登记如表 2-3-13 所示。

表 2-3-13　资产与负债同减

单位：元

资产类账户				负债类账户		
借方	银行存款	贷方		借方	应付账款	贷方
①	1 000 000					
	②	40 000	——	②	40 000	

【例 2-14】 企业购买一台价值 60 500 元的机器设备，其中 60 000 元以转账支票的形式支付，余款 500 元以库存现金的形式付讫。

分析：该笔经济业务属于资产内部项目此增彼减类型，涉及三个有关账户，其中资产项目中的固定资产增加，银行存款减少，库存现金减少。根据资产增加记借方，资产减少记贷方，这笔业务应借记“固定资产”账户 60 500 元，贷记“银行存款”账户 60 000 元，贷记“库存现金”账户 500 元。

具体登记如表 2-3-14 所示。

表 2-3-14　资产内部项目此增彼减

单位：元

资产类账户

借方	银行存款	贷方
① 1 000 000		
		② 40 000
		③ 60 000

资产类账户

借方	固定资产	贷方
③ 60 500		

借方	库存现金	贷方
		③ 500

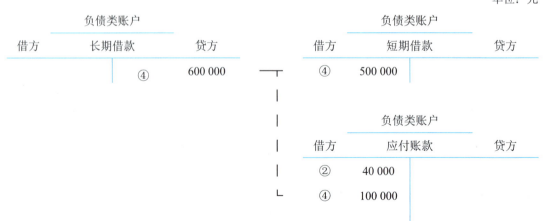

【例 2-15】 企业从银行取得 600 000 元的长期借款，其中 500 000 元直接用于偿还短期借款，余款 100 000 元用于偿还前期欠外单位的应付账款。

分析：该笔经济义务涉及负债内部项目此增彼减，其中负债项目中的长期借款增加，短期借款减少，应付账款减少。根据负债增加记贷方，负债减少记借方，这笔业务应借记“短期借款”账户 500 000 元，借记“应付账款”账户 100 000 元，贷记“长期借款”账户 600 000 元。

具体登记如表 2-3-15 所示。

表 2-3-15　负债内部项目此增彼减

单位：元

负债类账户

借方	长期借款	贷方
		④ 600 000

负债类账户

借方	短期借款	贷方
④ 500 000		

负债类账户

借方	应付账款	贷方
② 40 000		
④ 100 000		

以上四项交易或事项引起资产、权益四种类型的变化都符合“有借必有贷，借贷必相等”的记账规则。

账户结构总结如图 2-3-1 所示。

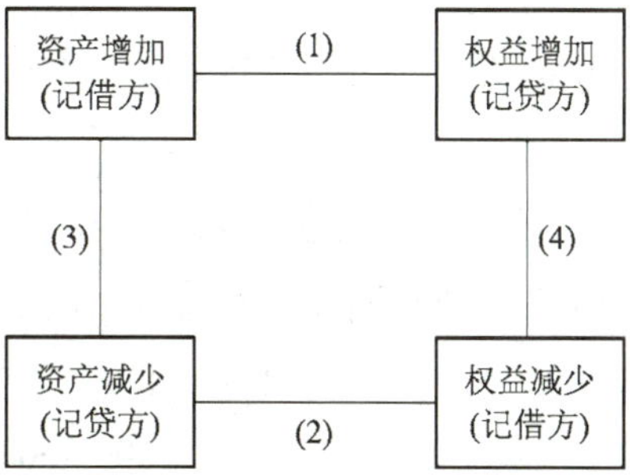

图 2-3-1　账户结构总结

会计分录的编制

四、会计分录

（一）会计分录的含义

会计分录是指对某项经济业务事项标明其应借应贷账户及其金额的记录，简称分录。

在会计实际工作中，会计分录是根据各项经济业务的原始凭证进行编制的，在具有一定格式的记账凭证中进行登记。编制会计分录是会计工作的初始阶段。会计分录是记账的直接依据，会计分录错了，必然影响整个会计记录的正确性。所以，会计分录必须如实地反映经济业务的内容，正确记录应借、应贷的账户及金额。

会计分录应包括以下内容：

(1) 一组对应的记账符号：借方和贷方；

(2) 涉及两个或两个以上的账户名称；

(3) 借贷双方的相等金额。

（二）会计分录的编制步骤

编制会计分录通常应遵循以下基本步骤：

(1) 分析经济业务事项涉及的是资产 (成本、费用) 还是权益 (收入)；

(2) 根据经济业务引起的会计要素的增减变化来确定涉及哪些账户，是增加还是减少；

(3) 根据账户的性质和账户结构，确定业务记入哪个 (或哪些) 账户的借方或哪个 (或哪些) 账户的贷方；

(4) 根据借贷记账法的记账规则，确定应借应贷账户是否正确，借贷方金额是否相等。

（三）会计分录的书写格式

会计分录的书写格式通常是“借”在上，“贷”在下，每一个会计科目占一行，“借”“贷”前后错开两个字符。借贷上下错开两个字符，说明它们是对应账户并保持平衡关系。如果需要注明明细科目，应在总分类科目与明细分类科目之间加一个破折号，金额用阿拉伯数字表示，金额后面不写“元”，同方向的金额要对齐，借、贷双方金额错开，以便于试算平衡。

（四）会计分录的种类

会计分录按其所涉及账户的数量多少，分为简单会计分录和复合会计分录。

1. 简单会计分录

简单会计分录是指只涉及一个账户借方和一个账户贷方的会计分录，即“一借一贷”的会计分录。日丰厂发生的经济业务编制的简单会计分录如下。

【例 2-16】 借：银行存款　　1 000 000
　　贷：实收资本　　1 000 000

【例 2-17】 借：应付账款　　40 000
　　贷：银行存款　　40 000

2. 复合会计分录

复合会计分录是指经济业务发生以后，需在三个或三个以上的对应账户中记录其相互金额变化情况的会计分录。编制复合会计分录既可以集中反映某经济业务的全面情况，又可以简化记账工作，提高会计工作效率。复合会计分录可为“一借多贷”或“一贷多借”，如果一项经济业务涉及多借多贷的科目，为全面反映此项经济业务，也可以编制“多借多贷”的复合会计分录，但不允许把反映不同类型的经济业务合并编制“多借多贷”的复合会计分录。

编制日丰公司发生的经济业务的复合会计分录如下。

【例 2-18】 借：固定资产　　60 500
　　贷：银行存款　　60 000
　　　　库存现金　　500

【例 2-19】 借：短期借款　　500 000
　　　　应付账款　　100 000
　　贷：长期借款　　600 000

以上案例属于复合会计分录，其中例 2-18 是由一个借方账户与两个贷方账户组成的。例 2-19 是由一个贷方账户与两个借方账户组成的，复合会计分录实际上是由几个简单会计分录合并组成的。因而必要时可将其分解为若干个简单会计分录。

【例 2-20】 日丰厂购买了一批材料，金额为 28 000 元，其中 10 000 元用银行存款支付，余下的 18 000 元货款尚未支付，材料已验收入库（假设不考虑增值税）。其复合会计分录如下。

借：原材料　　28 000
　　贷：银行存款　　10 000
　　　　应付账款　　18 000

其复合会计分录可分解为以下两个简单会计分录。

借：原材料　　10 000

　　贷：银行存款　　10 000

借：原材料　　18 000

　　贷：应付账款　　18 000

五、借贷记账法下的试算平衡

（一）试算平衡的含义

试算平衡是指根据资产与权益的恒等关系以及借贷记账法的记账规则，检查所有账户记录是否正确的一种方法。在借贷记账法下，试算平衡包括发生额试算平衡和余额试算平衡两种方法。

（二）试算平衡的运用

(1) 发生额试算平衡。发生额试算平衡是根据所有账户本期借方发生额合计数与所有账户本期贷方发生额合计数的恒等关系，检验本期发生额记录是否正确的方法。

在借贷记账法下，由于任何经济业务都是根据“有借必有贷，借贷必相等”的记账规则记账的，因此每一笔经济业务记入相关账户的借方和贷方发生额相等，而且当一定会计期间的全部经济业务都记入相关账户后，所有账户本期借方发生额合计数与贷方发生额合计数也必然相等。

小贴士

发生额试算平衡公式如下：

所有账户本期借方发生额合计数 = 所有账户本期贷方发生额合计数

(2) 余额试算平衡。余额试算平衡是根据所有账户本期借方余额合计与贷方余额合计的恒等关系，检验本期账户记录是否正确的方法。根据“资产 = 负债 + 所有者权益”的会计等式，运用借贷记账法在账户中记录经济业务的结果，各项资产余额的合计数与负债及所有者权益的合计数必然会相等。在借贷记账法下，由于每一个账户的余额都是根据一定会计期间该账户累计发生额计算求得的，通过前面的账户结构，所有账户的借方余额合计数即为资产总额；所有账户贷方余额合计数即为负债和所有者权益总额。这样，所有账户借方余额的合计数必然同所有账户贷方余额的合计数相等。根据余额时间的不同，余额试算平衡又分为期初余额平衡与期末余额平衡两类。

余额试算平衡公式如下：

所有账户期初借方余额合计数 = 所有账户期初贷方余额合计数

所有账户期末借方余额合计数 = 所有账户期末贷方余额合计数

（三）试算平衡表的编制

在实际工作中，余额试算平衡是通过编制试算平衡表的方式进行的。在月末结出各账户的本期发生额和月末余额后，通过编制总分类账户发生额试算平衡表和总分类账户余额试算平衡表来进行试算平衡。下面以日丰厂 2022 年 6 月发生的经济业务为例，根据上述四笔交易的账户记录编制发生额试算平衡表 (如表 2-3-16 所示)。

表 2-3-16　试算平衡表

单位：元

账户名称	本期发生额	
	借方	贷方
库存现金		500
银行存款	1 000 000	100 000
固定资产	60 500	
短期借款	500 000	
应付账款	140 000	
长期借款		600 000
实收资产		1 000 000
合计	1 700 500	1 700 500

在编制试算平衡表时，应注意以下几点：

(1) 必须保证所有账户的余额均已记入试算平衡表。因为会计等式是对六大会计要素整体而言的，缺少任何一个账户的余额，都会造成期初或期末借方余额合计数与贷方余额合计数不相等。

(2) 试算平衡表中的借方和贷方的合计金额，是在不考虑账户性质的前提下，将本期经济业务所记录的所有账户“借方”或“贷方”发生额相加而求得的。

(3) 如果试算平衡表中的借贷金额不相等，那么账户记录肯定有错误，应认真查找错误的原因，直到实现平衡为止。

(4) 试算平衡表的“期初余额”“本期发生额”和“期末余额”三栏中的借方与贷方金额即便相等，也不能说明账户记录绝对正确，有些账户记录错误并不会影响借贷双方的平衡关系。例如，某一项会计事项全部漏记，重记某一项会计事项，记错账户借贷方向同时记反，一项错误与另一项错误正好抵销等。因此，试算平衡的结果只能作为账户记录基本没有错误的结论，而不能作为账户记录绝对没有错误的判断依据。为了纠正账户记录中的错误，必须定期进行其他会计检查。

【课后思考】

简答题

1. 什么是会计分录和账户的对应关系？

2. “借就是增加，贷就是减少”这种说法对不对？为什么？

3. 如果试算平衡表两方合计数相等，就说明会计记录一定没有错误吗？为什么？举例说明。

4. 什么是复式记账？复式记账法有何特点？

5. 什么叫借贷记账法？借贷记账法的记账规则是什么？

6. 会计人员编制试算平衡表的目的是什么？

7. 企业会计人员在对一笔购进材料业务进行分析后编制会计分录，误将 8 600 元记为 6 800 元，该项错误是否会导致试算平衡表不平衡？

项目四　借贷记账法的运用

学习目标

(1) 掌握企业筹资业务的会计核算方法。

(2) 掌握企业供应、生产和销售业务的会计核算方法。

(3) 掌握财务成果形成与利润分配的会计核算方法。

导入案例

如意食品加工有限公司购买一批价值 5 万元的原材料，货款尚未支付。采购员小刘到财务部办理报销手续。虽然公司银行账户上减少了 5 万元，但是企业的存货增加了 5 万元。

业务员小刘说："这些是材料的采购合同、发票、运费等单据，请按照合同办理货款结算。"

财务部会计说："你们部门保管一份复印件，我先审核一下发票和运费单据。"

想一想：会计收到小刘提交的单据后应如何进行会计核算？

任务一　筹资业务的核算

筹资业务的核算

一、筹资业务介绍

筹集资金是企业进行生产经营活动的首要条件，也是资金运动的起点。企业的资金从来源看有两种途径：一是接受投资者投入的资金，即股权融资；二是接受债权人投入的资金，即债务融资。前者是指通过发行股票等方式吸收投资者投入资本；后者是指对外举债，比如从银行取得贷款。

二、吸收投资业务

任何一个公司的创办必须先有一定的本钱。根据《中华人民共和国公司法》规定，设立公司必须有法定的资本，它是保证公司正常经营的必要条件。资本是指投资者认缴的，经工商行政管理部门核准并注册登记的投资总额。按投资主体的不同，资本可分为国家资本、法人资本、外商资本和个人资本。投资者可以以货币、实物、无形资产等方式投入资本。投资者投入资本在会计上表现为实收资本增加。

账户设置如下：

1. "实收资本"账户

"实收资本"账户用来核算企业实收资本的增减变动情况及其结果 (股份公司为"股

本”)。该账户属于所有者权益类账户，其贷方登记企业实际收到的投资者投入的资本数；借方登记企业按法定程序报经批准减少的注册资本数；期末余额在贷方，表示企业实际拥有的资本(或股本)数额。该账户应按投资者设置明细账，进行明细分类核算。

2.“固定资产”账户

“固定资产”账户用来核算企业持有的固定资产的原始价值。该账户属于资产类账户，其借方登记企业增加的固定资产的原始价值；贷方登记减少的固定资产的原始价值；期末余额在借方，表示企业实际持有的固定资产的原始价值。该账户应按固定资产的类别和项目设置明细账，进行明细分类核算。

3.“无形资产”账户

“无形资产”账户用来核算企业持有的无形资产成本，包括专利权、非专利技术、商标权、著作权、土地使用权等。该账户借方登记取得无形资产的实际成本；贷方登记减少无形资产的实际成本；期末借方余额，表示企业实际持有的无形资产的成本。该账户应按无形资产的项目设置明细账，进行明细分类核算。

现将收到投资者投入资本的经济业务进行核算，举例如下。

【例 2-21】 企业收到国家 100 万元的货币资金投资，款项已存入银行。

分析：这笔业务的发生，一方面使企业银行存款增加，记入“银行存款”账户的借方；另一方面使企业的实收资本增加，记入“实收资本”账户的贷方。

编制会计分录如下：

借：银行存款　　　　1 000 000
　　贷：实收资本　　　　1 000 000

【例 2-22】 企业收到甲公司一项专有技术投资，经评估确认其价值为 50 000 元。

分析：这笔业务的发生，一方面使企业无形资产增加，记入“无形资产”账户的借方；另一方面使企业的实收资本增加，记入“实收资本”账户的贷方。

编制会计分录如下：

借：无形资产　　　　50 000
　　贷：实收资本　　　　50 000

【例 2-23】 企业收到某投资有限公司投入一台全新的生产设备，其价值为 100 000 元。

分析：这笔业务的发生，一方面使企业固定资产增加，记入“固定资产”账户的借方；另一方面使企业的实收资本增加，记入“实收资本”账户的贷方。

编制会计分录如下：

借：固定资产　　　　100 000
　　贷：实收资本　　　　100 000

三、借入资金业务

企业在经营中由于资金不足，可以向银行或其他金融机构借款，以补充资金的不足。企业从银行或其他金融机构借入的款项，必须按规定办理手续，支付利息，到期归还。借款按偿还期限的长短分为短期借款和长期借款。短期借款是指偿还期在一年以下的各种借款；长期借款是指偿还期在一年以上的各种借款。其核算内容主要包括取得借款、支付借款利息和偿还借款。

账户设置如下：

1.“短期借款”账户

“短期借款”账户用来核算企业向银行或其他金融机构等借入的、期限在一年以内(含一年)的各种借款。该账户属于负债类账户，其贷方登记企业借入的各种短期借款数额；借方登记归还的借款数额；期末余额在贷方，表示期末尚未归还的短期借款的本金。该账户应按借款种类、贷款人设置明细账，进行明细分类核算。

2.“长期借款”账户

“长期借款”账户用来核算企业向银行或其他金融机构等借入的、期限在一年以上(不含一年)的各种借款。该账户属于负债类账户，其贷方登记企业借入的各种长期借款数(包括本金和利息)；借方登记各种长期借款归还数(包括本金和利息)；期末余额在贷方，表示企业期末尚未归还的长期借款本金和利息数。该账户应按贷款种类、贷款单位设置明细账，进行明细分类核算。

3.“应付利息”账户

“应付利息”账户用来核算企业按照合同约定应支付的利息，包括吸收存款、分期付息到期还本的长期借款、企业债券等应支付的利息。该账户属于负债类账户，其贷方登记按规定利率计算的应付利息数；借方登记实际支付的利息数；期末贷方余额反映企业应付未付的利息。该账户应按存款人或债权人设置明细账，进行明细分类核算。

4.“财务费用”账户

“财务费用”账户用来核算企业为筹集生产经营资金而发生的各项费用，包括利息支出(减利息收入)、汇兑损益以及相关的手续费等。该账户属于损益类账户，其借方登记发生的各项财务费用；贷方登记发生的应冲减的财务费用的利息收入、汇总收益和结转到“本年利润”账户的财务费用；期末结转后，该账户无余额。该账户应按照费用项目设置明细账，进行明细分类核算。

现对企业借入资金的经济业务进行核算，举例如下。

【例 2-24】 12 月 1 日，企业向银行借入期限为 6 个月的资金 50 000 元，年利率为 6%，借款到期一次还本付息。

分析：这笔业务的发生，一方面使企业银行存款增加，记入“银行存款”账户的借方；另一方面使企业的短期借款增加，记入“短期借款”账户的贷方。

编制会计分录如下：

借：银行存款　　　　　　　　50 000

　　贷：短期借款　　　　　　　　50 000

【例 2-25】 12 月 31 日，企业计算本月应负担的短期借款利息。

分析：该借款虽然是到期支付利息，但是按照权责发生制的要求，从借款开始每个月都应当计提当期应负担的利息费用，则本月计提的利息费用为

$$50\ 000 \times 6\% \div 12 = 250\ 元$$

编制会计分录如下：

借：财务费用　　　　　　　　　　250

　　贷：应付利息　　　　　　　　　　250

之后 5 个月，每月末做同样的会计分录。

注意：实际工作中，最后 1 个月的利息不用计提，在到期支付本息时，编制会计分录如下：

借：短期借款　　　　　　　　　50 000(偿还借款本金)

　　应付利息　　　　　　　　　1 250(偿还前 5 个月已计提但未付的利息)

　　财务费用　　　　　　　　　　250(支付本月应负担的利息)

　　贷：银行存款　　　　　　　　　51 500

【例 2-26】 12 月 6 日，企业接银行通知，企业申请期限为三年的长期借款 500 000 元已到账。

分析：这笔业务的发生，一方面使企业银行存款增加，记入“银行存款”账户的借方；另一方面使企业的长期借款增加，记入“长期借款”账户的贷方。

编制会计分录如下：

借：银行存款　　　　　　　　500 000

　　贷：长期借款　　　　　　　　500 000

任务二　供应业务的核算

材料采购业务的核算

一、供应业务介绍

企业为了进行产品生产，在生产准备中应建造厂房、购置机器设备和购买生产过程中需消耗的各种材料等。一方面，企业不仅要积极组织材料物资的采购及验收入库，还要与供货单位进行货款和各项采购费用的结算；另一方面，在及时供货、保证生产顺利进行的前提下，企业还要降低采购成本，节约采购费用。因此，正确结算并支付购货款，核算增值税进项税额是供应业务的主要核算内容。

二、材料采购业务的核算

(一)材料采购成本

材料采购成本主要由材料的买价和采购费用两部分构成，具体包括以下几个方面的内容。

(1) 材料的买价，即供应单位的发票价格。如果企业为增值税的一般纳税人，则购买材料时支付的增值税一般不计入采购成本，应计入“应交税费”；如果企业属于小规模纳税人，则购买材料时支付的增值税应计入采购成本。

(2) 运杂费，包括采购材料时发生的运输费、装卸费、保险费、包装费和仓储费等。采购人员的差旅费以及市内零星运杂费等不计入材料采购成本，而作为管理费用列支。

(3) 运输途中的合理损耗，指企业与供应或运输部门所签订的合同中规定的合理损耗或必要的自然损耗。

(4) 入库前的挑选整理费用，指购入的材料在入库前需要挑选整理而发生的费用，包括挑选过程中所发生的工资、费用支出和必要的损耗，但要扣除下脚残料的价值。

(5) 购入材料负担的税金 (如关税、消费税等) 和其他费用等。

（二）材料采购成本的计算（以一般纳税人为例）

材料采购成本的计算公式为

$$\text{某种材料的采购成本} = \text{该材料的买价} + \text{该材料应负担的采购费用}$$

在计算某材料应负担的采购费用时，凡能分清为采购该材料而支付的采购费用的，可直接计入该材料的采购成本；凡不能分清的，如为购进几种材料共同发生的运输费用，则应采用合理的分配标准 (如按材料的重量比例等)，分配计入各种材料的采购成本。分配公式为

$$\text{分配率} = \frac{\text{待分配的采购费用总额}}{\text{各分配标准之和}}$$

$$\text{某材料应分摊的采购费用} = \text{该材料的分配标准} \times \text{分配率}$$

（三）账户设置

账户类型可分为以下几种。

1. “原材料”账户

“原材料”账户用来核算企业库存中各种材料的增减变动及结存情况。该账户属于资产类账户，其借方登记已验收入库材料的实际成本；贷方登记发出材料的实际成本；期末余额在借方，表示库存中各种材料的实际成本。该账户应按材料的类别、品种及规格设置明细账，进行明细分类核算。

2. “在途物资”账户

“在途物资”账户用来核算企业原材料实际成本时已经付款但尚未到达企业，或者虽已运抵企业但尚未验收入库的外购材料的实际采购成本。该账户属于资产类账户，其借方登记外购材料成本的增加数；贷方登记到货验收后转入“原材料”账户的采购成本数；期末借方余额表示在途材料的实际成本。该账户应按材料品种设置明细账，进行明细分类核算。

3. “应付账款”账户

“应付账款”账户用来核算企业因购买材料、商品或接受劳务供应等而应付给供应单位的款项。该账户属于负债类账户，其贷方登记因购买材料、商品或接受劳务供应等而发生的应付未付的款项；借方登记已经支付或已开出商业承兑汇票抵付的应付款项；期末贷方余额，表示尚未偿还的款项。该账户应按供应单位 (债务人) 设置明细账，进行明细分类核算。

4. “应交税费”账户

“应交税费”账户用来核算企业应该缴纳的各种税费，如增值税、消费税、城市维护建设税、所得税等。该账户属于负债类账户，其贷方登记按规定计算的各种应交税费；借方登记已缴纳的各种税费；期末贷方余额表示未缴的税费，借方余额则表示多缴的税费。

该账户应按税费的种类设置明细账，进行明细分类核算。其中“应交税费——应交增值税”账户是用来反映和监督企业应交和实交增值税情况的账户，企业购买材料物资时缴纳的增值税进项税额记入该账户的借方，企业销售产品时向购买单位代收的增值税销项税额记入该账户的贷方。

注意：应交增值税的计算公式为

应交增值税＝销项税额－进项税额（一般纳税人应纳税额的计算公式）

5.“应付票据”账户

“应付票据”账户用来核算和监督在商业汇票结算方式下，企业购进材料物资时开出承兑的商业汇票及兑付情况等。该账户属于负债类账户，其贷方登记因购买材料、商品等开出、承兑的商业汇票；借方登记到期付款或转出的商业汇票；期末贷方余额，表示尚未到期的商业汇票。

6.“预付账款”账户

“预付账款”账户用来核算和监督企业根据购货合同预付给供应单位的货款及结算情况。该账户属于资产类账户，其借方登记已预付的货款数；贷方登记冲销预付的货款数；期末借方余额表示尚未结算的预付货款数。该账户应按供应单位（债务人）设置明细账，进行明细分类核算。

（四）采购材料业务的核算举例

1. 不考虑税金等因素

【例 2-27】 企业向南方公司购进甲材料 200 千克，每千克买价为 100 元，当即用银行存款付清了 20 000 元货款。

分析：对于这笔经济业务，原材料增加了 20 000 元，记入“原材料”科目的借方；当即用银行存款付清了 20 000 元货款，记入“银行存款”的贷方。

编制会计分录如下：

借：原材料——甲材料　　　　20 000
　　贷：银行存款　　　　　　　20 000

【例 2-28】 如果上述货款全部暂欠，则形成公司的负债，记入“应付账款”科目的贷方，这时分录变成：

借：原材料——甲材料　　　　20 000
　　贷：应付账款——南方公司　　20 000

【例 2-29】 如果上述货款只付了 6 000 元，其余 14 000 元暂欠，那么，分录就变成了：

借：原材料——甲材料　　　　20 000
　　贷：银行存款　　　　　　　6 000
　　　　应付账款——南方公司　14 000

2. 考虑增值税等税费因素

上述例子不考虑税费因素是因为对初学者要求掌握的程度不同，但实际工作中，发生交易是要缴税的。企业在进行了商品交易后，按税法规定必须要缴纳增值税。

那么，什么是增值税呢？

如果 2 万元的原材料生产出来的产品卖了 3 万元，那么，差价是 1 万元。这 1 万元就是增加了的价值，即增值，按这个增值额征税就叫作增值税。如果增值税税率是 13%，则应交的增值税额为 10 000 × 13% = 1 300 元。

按这个理念理解，在购进材料的时候就必须知道产品生产出来之后的售价，然后，才能知道增值额是多少。正因为知道了售价是 3 万元，所以才知道购进材料成本与售价之间的增值额是 1 万元，这才计算出增值税额是 1 300 元。但是在购进材料的时候并不知道产品将来的售价是多少，也不知道这种材料最终要用来做甲产品还是乙产品，也许这批材料最终转让给别人了，或者因意外损失掉了。

前面从增值额的角度去分析，现在从最终缴纳税额的角度来分析：

卖出产品后得到 3 万元，假定增值税税率是 13%，按交易额计算，应该缴纳的税费是 30 000 × 13% = 3 900 元。

购进材料的成本是 2 万元，按交易额计算，应该缴纳的税费是 20 000 × 13% = 2 600 元。

购进时支付的税费是 2 600 元，卖出时收到卖方支付的税费是 3 900 元，最后，按交易额计算销售与购进之间的税费差额是 3 900 − 2 600 = 1 300 元。该税费差额恰好等于按增值额计算的增值税额，最终需要缴纳给税务部门的增值税还是 1 300 元。由此可见，按销售额计算的税额与按购进额计算的税额之间的差额实际就是按增值额计算的增值税额。因此，可以在不管售价的情况下按购进成本计算税额。

在购买材料时支付的增值税叫作进项税额，增值税不形成材料的成本，是价外税，即在购买价格之外支付的税金。

那么，按每千克 100 元的买价买入 200 千克材料时，买价部分就是 2 万元，而在买价之外需要另外支付 13% 的增值税，即

$$20\ 000 \times 13\% = 2\ 600 \text{ 元}$$

这时，购买这批材料总共需要支付的款项是

$$20\ 000 + 2\ 600 = 22\ 600 \text{ 元}$$

虽然支付了 22 600 元，但属于甲材料成本的只有 2 万元，其余的 2 600 元是用来抵减按售价计算的增值税额的，所以，这 2 600 元现在先放到“应交税费——应交增值税”科目的借方。

【例 2-30】 假如全部款项均已用银行存款支付，则分录如下：

借：原材料——甲材料	20 000	
应交税费——应交增值税(进项税额)	2 600	
贷：银行存款		22 600

“应交税费”属于负债类科目，借方登记减少数，等到销售产品时，再按销售价计算增值税额并将增值税额放在贷方，最后，借贷方相抵，即得 3 900 − 2 600 = 1 300 元，恰好等于按增值额计算的增值税额。

按销售交易金额(销售收入)× 增值税税率(13%)计算出的增值税叫作销项税额；按采购交易金额(采购买价)× 增值税税率(13%)计算出的增值税叫作进项税额。其中，进项税额也叫作扣除项，表示可抵扣的增值税。

3. 考虑运杂费等采购费用

假设在日常生活中，你步行去商场购物，买了一大堆日用品，总共支付了 500 元，但你拿不了，于是花 10 元钱打了出租车，连人带货运回家了。家人见了便问：“买这么多东西呀，花了多少钱？”你毫不犹疑地回答：“500 元。”这是家庭消费的例子，但作为企业就应该回答：“510 元。”为什么？

因为运费是实现材料存放到本企业仓库的必须支出，原材料科目核算的是购进材料的全部成本，包含运费、运输途中的正常损耗、入库前的挑选整理费等费用。因此，运杂费应计入原材料的采购成本。

【例 2-31】 企业在购买 2 万元材料的时候，请运输公司将这批材料从供应商那里运回本公司，当即用银行存款支付了运费 600 元。如果仅支付运费 600 元，那么这笔经济业务编制分录如下：

借：原材料——甲材料　　600
　　贷：银行存款　　600

如果将刚才支付货款的分录合并起来编制一笔复合分录，则分录如下：

借：原材料——甲材料　　20 600
　　应交税费——应交增值税 (进项税额)　　2 600
　　贷：银行存款　　23 200

4. 原材料按实际成本收发

材料购进业务的会计核算是按实际采购成本直接记入“原材料”科目的，当要从仓库里领出材料用于产品生产时，也按实际成本发出，这就是原材料的实际成本核算法。

当领用材料时，原材料减少了，就记入贷方。同时，生产产品的成本就增加了，则记入“生产成本”科目的借方。

【例 2-32】 企业领用甲材料 20 千克用于生产 A 产品，则分录如下：

借：生产成本——A 产品
　　贷：原材料——甲材料

可是，金额应该是多少呢？我们通过表 2-4-1 先看看原材料明细账中购进的甲材料的成本。

表 2-4-1　原材料明细账

原材料明细账

材料类别：甲材料　　　　计量单位：千克

2022 年		凭证号数	摘要	借方			贷方			余额		
月	日			数量	单价	金额	数量	单价	金额	数量	单价	金额
12	3	略	购进	200	103.00	20 600.00				200	103.00	20 600.00

在假定没有期初余额的情况下，甲材料购进的总成本是 20 600 元，平均每公斤成本 103 元。那么，领用 20 千克，就是原材料减少了 $20 \times 103 = 2\ 060$ 元。分录如下：

借：生产成本——A 产品　　　　　　　　　　　2 060
　　贷：原材料——甲材料　　　　　　　　　　　2 060

然后将领用情况登记明细账，如表 2-4-2 所示。

表 2-4-2　原材料明细账

原材料明细账

材料类别：甲材料　　　　　　　　　　　　　　　　　　计量单位：千克

2020 年		凭证号数	摘要	借　方			贷　方			余　额		
月	日			数量	单价	金额	数量	单价	金额	数量	单价	金额
12	3	略	购进	200	103.00	20 600.00				200	103.00	20 600.00
			领用				20	103	2060.00	180	103.00	18 540.00

从上面的例子可以看出，甲材料购进时的实际成本是每千克 103 元 (在没有期初库存的情况下)，发出材料也按这个实际成本计算。当继续进行采购时，由于采购地点和时间的差异，可能会产生价格的波动和运费的增减。

【例 2-33】 12 月 6 日，企业采购甲材料 200 千克，每千克的价格却是 112 元，增值税税率同样是 13%，不过，这次合同规定由供应单位送货上门，不需要花运费。

这时，材料的成本就是买价：200 × 112 = 22 400 元。

而需要支付的货款则包括在买价之外的增值税额：22 400 × 13% = 2 912 元。

上述款项已经全部支付，编制会计分录如下：

借：原材料——甲材料　　　　　　　　　　　22 400
　　应交税费——应交增值税 (进项税额)　　　2 912
　　贷：银行存款　　　　　　　　　　　　　　　25 312

这时我们再看看账簿登记的结果，如表 2-4-3 所示。

表 2-4-3　原材料明细账

原材料明细账

材料类别：甲材料　　　　　　　　　　　　　　　　　　计量单位：千克

2020 年		凭证号数	摘要	借　方			贷　方			余　额		
月	日			数量	单价	金额	数量	单价	金额	数量	单价	金额
12	3	略	购进	200	103.00	20 600.00				200	103.00	20 600.00
12	6		购进	200	112.00	22 400.00				400	107.50	43 000.00

现在库存的材料的数量总共有 400 千克，购进的总成本是 43 000 元，那么，平均每千克的成本就是 43 000 ÷ 400 = 107.50 元。这个单价也是目前发出材料的单位成本。

【例 2-34】 领用 20 千克的实际成本是 20 × 107.50 = 2 150 元，分录的金额发生了变化：

借：生产成本——A 产品　　　　　　　　　　　2 150
　　贷：原材料——甲材料　　　　　　　　　　　2 150

登记账簿结果如表 2-4-4 所示。

表 2-4-4　原材料明细账

原材料明细账

材料类别：甲材料　　　　　　　　　　　　　　　　计量单位：千克

2020年		凭证号数	摘要	借方			贷方			余额		
月	日			数量	单价	金额	数量	单价	金额	数量	单价	金额
12	3	略	购进	200	103.00	20 600.00				200	103.00	20 600.00
12	6		购进	200	112.00	22 400.00				400	107.50	43 000.00
			领用				20	107.50	2150.00	380	107.50	40 850.00

任务三　生产业务的核算

一、生产业务介绍

生产过程是制造企业生产经营过程的第二个阶段。在生产过程中，工人借助于劳动资料，对劳动对象进行加工，制成劳动产品。因此，生产过程既是产品的制造过程，又是物化劳动和活劳动的消耗过程。

企业在生产过程中发生的各种耗费称为生产费用（如图 2-4-1 所示），主要包括生产产品所消耗的材料费、生产工人工资及职工福利费、厂房和机器设备等固定资产的折旧费以及为组织和管理生产等而发生的其他费用。在这些生产费用中，有的与产品生产直接相关，要按一定种类的产品进行归集和分配，以计算产品生产成本；有的与产品生产没有直接关系，应作为期间费用，直接计入当期损益，不构成产品生产成本。因此，生产过程核算的主要任务就是核算和监督生产费用的发生情况，计算产品的生产成本。

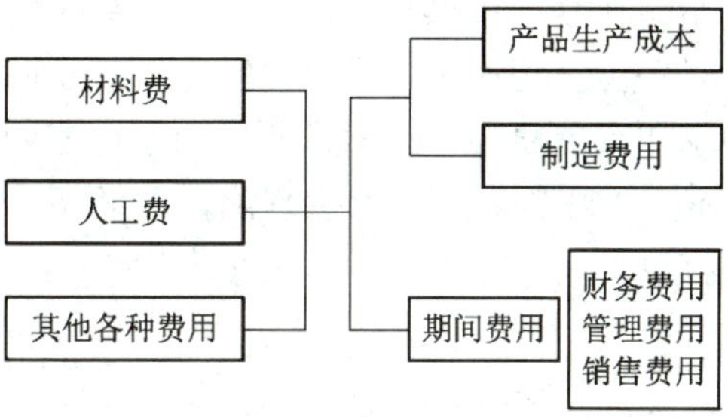

图 2-4-1　生产费用的内容

在计算产品的生产成本时，要按照成本项目分别计算。所谓成本项目是指计入产品成本的生产费用按照其经济用途所进行的分类。为了达到降低成本、提高经济效益的目的，成本计算除提供各种产品的总成本和单位成本的资料外，在生产费用按其经济内容分类的基础上再按照经济用途进行分类，以了解成本的经济构成。也就是说，计入产品成本的生产费用，在成本计算中应按成本项目进行归集。在制造成本法下，工业企业一般应设置直接材料、直接人工和制造费用三个成本项目。“直接材料”项目是指直接用于产品生产并构成产品实体的原料及主要材料；“直接人工”项目是指直接参加产品生产的工人工资以及按生产工人工资和规定比例计提的职工福利费等；“制造费用”项目，是指发生在车间范围内直接用于产品生产，但不便于直接计入某个成本计算对象，因而没有专设成本项目的费用（如机器设备的折旧费）和间接用于产品生产的各项费用（如车间管理人员的工资等）。对于发生在企业行政管理部门范围内，为组织和管理生产经营活动的管理费用，应作为期间费用直接计入当期损益，而不应计入产品生产成本。

生产业务的账户设置如下：

1.“生产成本”账户

“生产成本”账户是用来归集和分配产品生产过程中所发生的各项费用，正确计算产品生产成本的账户。该账户是成本类账户，借方登记应计入产品生产成本的各项费用，包括直接计入产品成本的直接材料和直接人工，以及分配计入产品生产成本的制造费用；贷方登记完工入库产品的生产成本。该账户期末借方余额表示企业尚未加工完成的各项成本。该账户应按产品品种设置明细账，进行明细分类核算。

2.“制造费用”账户

“制造费用”账户用来核算企业生产车间为生产产品和提供劳务而发生的各项间接费用，包括生产车间管理人员的工资及福利费、生产车间固定资产的折旧费、办公费、水电费、修理费、机物料消耗等费用。该账户是成本类账户，借方登记实际发生的各项制造费用；贷方登记分配计入产品“生产成本”的制造费用；期末结转后，该账户一般没有余额。该账户应按不同的车间设置明细账，进行明细分类核算。

3.“应付职工薪酬”账户

“应付职工薪酬”账户用来核算企业根据有关规定应付职工的各种薪酬，包括：①职工工资、资金、津贴和补贴；②职工福利费；③各项社会保险费（医疗、养老、失业、工伤、生育等保险费）；④住房公积金；⑤工会经费和职工教育经费；⑥非货币性福利；⑦因解除与职工的劳动关系给予的补偿；⑧其他与获得职工提供的服务相关的支出。

该账户是负债类账户，贷方登记应由本月负担但尚未支付的职工薪酬；借方登记本月实际支付的职工薪酬；期末如有余额，一般在贷方，表示企业应付未付的职工薪酬。

该账户可按“职工工资”“职工福利”“社会保险费”“住房公积金”“工会经费”等设置明细账，进行明细分类核算。

4.“管理费用”账户

“管理费用”账户用来核算企业行政管理部门为组织和管理企业的生产经营活动而发生的费用，包括企业在筹建期间内发生的开办费、董事会和行政管理费用、在经营管理中发生的或应由企业统一负担的公司经费（包括行政管理部门职工工资及福利费、办公费和差旅费等）、工会经费、董事会费、聘请中介机构费、咨询费（含顾问费）、诉讼费、业务招待费等。该账户是损益类账户，借方登记发生的各种费用；贷方登记期末转入“本年利润”账户的费用；期末结转后账户无余额。该账户应按费用项目设置明细账，进行明细分类核算。

5.“累计折旧”账户

“累计折旧”账户是“固定资产”账户的备抵账户，用来核算企业固定资产因磨损而减少的价值。由于固定资产在其较长的使用期限内保持原有实物形态，而其价值却随着固定资产的损耗而逐渐减少。固定资产由于损耗而减少的价值就是固定资产的折旧，固定资产的折旧应该作为折旧费用计入产品的成本和期间费用。该账户是资产类账户，每月计提的固定资产折旧记入该账户的贷方，表示固定资产因损耗而减少的价值；对于固定资产因出售、报废等原因引起的价值减少，应借记“累计折旧”账户；期末贷方余额表示现有固定资产已提取的累计折旧额。将“累计折旧”账户贷方余额抵减“固定资产”账户的借方余额，即可求得固定资产的净值。该账户只进行总分类核算，不进行明细分类核算。

6.“库存商品”账户

“库存商品”账户用来核算企业库存的各种商品的实际成本。该账户是资产类账户，借方登记已验收入库商品的实际成本；贷方登记发出商品的实际成本；期末借方余额表示库存商品的实际成本。该账户应按商品的种类、品种和规格设置明细账，进行明细分类核算。

7.“其他应收款”账户

“其他应收款”账户用来核算和监督企业除了应收账款、应收票据、预付账款等以外的其他各种应收、暂付款项，包括不设置“备用金”科目的企业拨出的备用金，应收的各种赔款、罚款、应向职工收取的各种垫付款项，应收出租包装物的租金，存出的保证金以及已不符合预付账款性质而按规定转入的预付账款等。该账户的性质是资产类账户，借方登记应收未收款项的增加额；贷方登记已经收到应收款项的减少额；期末借方余额反映企业应收未收的款项。该账户应按单位或个人设置明细账，进行明细分类核算。

二、生产费用业务核算

（一）生产领料业务核算

企业在生产过程中，必定要消耗各种材料，如各种主要材料、辅助材料等。它们有的构成产品成本，应计入“生产成本”“制造费用”账户；有的不构成产品成本，直接计入当期损益。具体耗用时，如按产品分别领用，则属于直接费用并根据领料凭证直接计入各种产品的成本。但有些材料是为制造几种产品共同领用并共同耗费的，应按照一定的标准分配计入各有关产品成本。在选择标准时，应做到多耗用多分配，少耗用少分配。

【例 2-35】 企业根据当月领料凭证，编制领料凭证汇总表如表 2-4-5 所示。

表 2-4-5　领料凭证汇总表

单位：元

用途	甲材料			乙材料			合计
	数量	单价	金额	数量	单价	金额	
制造产品耗用							
A 产品	1 000	3.00	3 000				3 000
B 产品				4 000	1.50	6 000	6 000
制造部门一般耗用				600	1.50	900	900
合计	1 000	3.00	3 000	4 600	1.50	6 900	9 900

生产部门需要材料时，应该填制有关的领料凭证，向仓库办理领料手续。月末会计部门根据领料凭证编制领料汇总表，再根据汇总表进行会计处理。这项业务表明，本月材料共耗费9 900元，即“原材料”减少9 900元，其中应计入“生产成本”的材料费为9 000元，应计入“制造费用”的材料费为900元。编制会计分录如下：

借：生产成本——A产品　　3 000
　　　　　　——B产品　　6 000
　　制造费用——材料费　　900
　　贷：原材料——甲材料　　3 000
　　　　　　　——乙材料　　6 900

（二）人工费用业务核算

人工费用包括工资和福利费，其中工资包括各种工资、奖金和津贴等。企业在月末分配职工工资，按职工的工作岗位计入各成本费用账户。另外，在我国，企业职工除了按规定取得的工资外，还可以享受一定的福利待遇，如享受医疗保险、养老保险和住房公积金等。

【例2-36】 根据工资结算汇总表，企业本月应付职工工资如下：

生产工人工资	17 000(元)
其中：制造A产品工人工资	7 000
制造B产品工人工资	10 000
生产部门管理人员工资	3 000
厂部管理人员工资	8 000
合　计：	28 000

编制会计分录为：

借：生产成本——A产品　　7 000
　　　　　　——B产品　　10 000
　　制造费用——工资　　3 000
　　管理费用——工资　　8 000
　　贷：应付职工薪酬——工资　　28 000

【例2-37】 根据规定，企业按工资总额的14%计提职工福利费。

生产工人职工福利费	17 000 × 14% = 2 380
其中：制造A产品工人职工福利费	7 000 × 14% = 980
制造B产品工人职工福利费	10 000 × 14% = 1 400
生产部门管理人员职工福利费	3 000 × 14% = 420
厂部管理人员职工福利费	8 000 × 14% = 1 120
合　计：	3 920

编制会计分录为：

借：生产成本——A 产品　　980

　　　　　　——B 产品　　1 400

　　制造费用——福利费　　420

　　管理费用——福利费　　1 120

　　贷：应付职工薪酬——福利费　　3 920

【例 2-38】 12 月 31 日，企业委托银行代发工资 31 920 元。编制会计分录如下：

借：应付职工薪酬——工资　　31 920

　　贷：银行存款　　31 920

（三）制造费用业务核算

制造费用是指企业各生产单位为组织和管理生产而发生的各项间接费用。费用发生时，记入“制造费用”账户借方，期末，将归集在“制造费用”账户借方的各项费用全部分配转入“生产成本”账户借方，期末一般无余额。分配制造费用应选择一定的分配标准，分配标准的选择应体现“谁受益，谁承担”的原则，受益大的分配对象承担较多的制造费用，反之，则较少。具体计算公式如下：

$$制造费用分配率=\frac{制造费用总额}{分配标准合计}$$

某种产品应负担的制造费用 = 某种产品所占分配标准数 × 制造费用分配率

上式中的分配标准可根据具体情况选择，一般以生产工人工资、生产工时、机器工时等为分配标准。

【例 2-39】 企业本月摊销应负担的车间财产保险费 1 000 元。编制会计分录如下：

借：制造费用——保险费　　1 000

　　贷：预付账款——保险费　　1 000

【例 2-40】 根据“固定资产折旧计算表”，企业本月车间固定资产折旧 5 000 元，管理部门固定资产折旧 1 200 元。编制会计分录如下：

借：制造费用——折旧费　　5 000

　　管理费用——折旧费　　1 200

　　贷：累计折旧　　6 200

【例 2-41】 12 月 31 日，企业开出转账支票一张，支付生产车间汽车修理费 15 180 元。编制会计分录如下：

借：制造费用——修理费　　15 180

　　贷：银行存款　　15 180

【例 2-42】 企业本月归集的制造费用共计 25 500 元，月末按生产工人的应付职工薪酬的比例分配计算。

已知例 2-37、例 2-38 中的 A 产品应付职工薪酬为 7 980 元；B 产品应付职工薪酬为 11 400 元。

则计算如下：

$$制造费用的分配率 = \frac{25\ 500}{7\ 980+11\ 400} = 1.315\ 79$$

A 产品应负担的制造费用 = 7 980 × 1.315 79 = 10 500 元

B 产品应负担的制造费用 = 25 500 − 10 500 = 15 000 元

根据以上计算结果，可编制“制造费用分配表”。该笔经济业务应编制会计分录为：

借：生产成本 × A 产品　　　　10 500
　　生产成本 × B 产品　　　　15 000
　　贷：制造费用　　　　　　　　25 500

（四）产品完工入库业务核算

会计期末应对“生产成本”账户进行结算，计算出本月完工产品成本，并将其从“生产成本”账户贷方转入“库存商品”账户借方，“生产成本”账户的期末借方余额为本月未完工产品成本。从“生产成本”账户内容中可知：

期初在产品成本 + 本期发生的产品费用 = 本期完工产品成本 + 期末在产品成本

本期完工产品成本 = 期初在产品成本＋本期发生的产品费用 − 期末在产品成本

【例 2-43】 月末，本月 A 产品 500 件，B 产品 1000 件全部完工并已验收合格入库，企业根据生产成本明细分类账 (如表 2-4-6、表 2-4-7 所示) 结转已完工产品成本。

根据 A、B 两种产品期初余额和“生产成本——A 产品”“生产成本——B 产品”两个明细账所汇集的本月发生的各项生产费用，便可以计算 A、B 两种完工产品成本。

表 2-4-6　A 产品生产成本明细账

产品名称：A 产品　　　　　　　　　　金额单位：元

× 年		凭证		摘　要	成 本 项 目			合计
月	日	字	号		直接材料	直接人工	制造费用	
				月初在产品成本	15 300	5 700	3 000	24 000
		例	1	分配原材料	3 000			3 000
		例	2/3	分配工资福利费		7 980		7 980
		例	8	分配制造费			10 500	10 500
				本期费用合计	3 000	7 980	10 500	21 480
				结转完工产品成本	(10 000)	(8 000)	(9 080)	(27 080)
				月末在产品成本	8 300	5 680	4 420	18 400

表 2-4-7　B 产品生产成本明细账

产品名称：B 产品								金额单位：元
×年		凭证		摘　要	成本项目			合计
月	日	字	号		直接材料	直接人工	制造费用	
				月初在产品成本	18 300	8 700	6 000	33 000
		例	1	分配原材料	6 000			6 000
		例	2/3	分配工资福利费		11 400		11 400
		例	8	分配制造费			15 000	15 000
				本期费用合计	6 000	11 400	15 000	32 400
				结转完工产品成本	(23 000)	(19 000)	(20 000)	(62 000)
				月末在产品成本	1 300	1 100	1 000	3 400

根据上述生产成本明细账，编制完工产品入库的会计分录为：

借：库存商品——A 产品　　　　27 080
　　　　　　——B 产品　　　　62 000
　贷：生产成本——A 产品　　　　27 080
　　　　　　　——B 产品　　　　62 000

三、非生产业务核算

（一）期间费用业务核算

非生产费用也就是期间费用，是指与企业生产经营没有直接关系和关系不密切的直接计入当期损益的各项费用，主要包括销售费用、管理费用和财务费用。

账户设置如下：

1. “管理费用”账户

本账户属损益类账户，用于核算企业行政管理部门为组织和管理生产经营活动而发生的各种费用，包括管理人员工资及福利费用、厂部固定资产折旧费用和厂部管理耗用的材料费用等。发生各种管理费用时，记借方；期末将余额结转到“本年利润”账户时，记贷方；期末一般无余额。

2. “财务费用”账户

本账户属损益类账户，用于核算企业为筹集生产经营所需资金而发生的费用支出，包括借款利息、银行手续费用、现金折扣、外币汇兑损益等。发生各项资金费用时，记借方；月末转入“本年利润”账户时，记贷方；结转后余额为零。其明细账可按费用项目设置。

3. “销售费用”账户

本账户属损益类账户，用来核算和监督企业在产品销售过程中所发生的费用，包括运输费、装卸费、包装费、保险费、展览费、广告费，以及为销售本企业商品而专设的销售机构(含销售网点、售后服务网点等)的职工工资及福利费用、业务费等经营费用。发生各种销售费用时，记借方；期末将余额结转到“本年利润”账户时，记贷方；期末一般无余额。

【例 2-44】 企业以银行存款支付业务招待费 400 元。

借：管理费用　　400

　　贷：银行存款　　400

【例 2-45】 企业以银行存款支付银行办理业务的手续费 300 元。

借：财务费用　　300

　　贷：银行存款　　300

【例 2-46】 企业计提由本月负担的短期借款利息 1 200 元。

借：财务费用　　1 200

　　贷：应付利息　　1 200

【例 2-47】 企业以银行存款支付销售产品的广告费 500 元。

借：销售费用　　500

　　贷：银行存款　　500

(二)税金及附加业务核算

我国全面试行营业税改征增值税后，“营业税金及附加”科目名称调整为“税金及附加”科目，该科目核算企业经营活动发生的消费税、城市维护建设税、资源税、教育费附加及房产税、城镇土地使用税、车船税、印花税等相关税费；利润表中的“营业税金及附加”项目调整为“税金及附加”项目。

通用的会计分录如下：

1. 计提时

借：税金及附加

　　贷：应交税费——应交消费税、城市维护建设税、资源税、教育费附加及房产税、城镇土地使用税、车船税、印花税等

2. 缴纳时

借：应交税费——应交消费税、城市维护建设税、资源税、教育费附加及房产税、城镇土地使用税、车船税、印花税等

　　贷：银行存款

3. 结转时

借：本年利润

　　贷：税金及附加

任务四 销售业务的核算

一、销售业务介绍

销售过程是企业生产经营活动的最后阶段。在这个阶段，制造企业要将生产过程中生产的产品销售出去，收回货币资金，以保证企业再生产活动的顺利进行。

销售过程业务的主要核算内容包括：① 企业要按权责发生制确定和记录产品的销售收入、支付和归集销售成本、销售费用；② 计算企业销售活动应负担的税金及附加，以及主营业务利润或亏损情况；③ 反映企业与购货单位所发生的货物结算业务、考核销售计划的执行情况；④ 监督税金及附加的及时缴纳等。

为了及时、正确地核算企业的销售收入，企业应以权责发生制确认销售收入的记账时间。根据《企业会计准则》规定，销售商品实现的收入应在客户取得商品控制权时确认收入。

账户设置如下：

1.“主营业务收入”账户

“主营业务收入”账户用来核算企业在销售商品、提供劳务等主营业务的收入。该账户是损益类账户，贷方登记企业销售商品(包括产成品、自制半成品等)所实现的收入；借方登记发生的销售退回或销售折让和期末转入“本年利润”账户的收入；期末将本账户的余额结转后，该账户应无余额。该账户应按主营业务的种类设置明细账，进行明细分类核算。

2.“主营业务成本”账户

“主营业务成本”账户用来核算企业因销售商品、提供劳务等主营业务的实际成本。该账户是损益类账户，借方登记已售商品、提供的各种劳务等发生的实际成本；贷方登记当月发生销售退回的商品成本和期末转入“本年利润”账户的当期销售成本；期末结转后该账户应无余额。该账户应按主营业务的种类设置明细账，进行明细分类核算。

3.“税金及附加”账户

“税金及附加”账户用来核算企业经营活动应负担的各种税费，包括消费税、城市维护建设税、资源税、城镇土地使用税和教育费附加等。该账户是损益类账户，借方登记按照规定计算应由企业负担的税金及附加；贷方登记企业收到的先征后返的消费税等，以及期末转入“本年利润”账户的税金及附加；期末结转后本账户应无余额。

4.“应收账款”账户

“应收账款”账户用来核算企业因销售商品、提供劳务等应向购货单位或接受劳务单位收取的款项。该账户是资产类账户，借方登记经营收入发生的应收款以及代购货单位垫付的包装费、运杂费等；贷方登记实际收回的应收款项；期末借方余额，表示尚未收回的款项。该账户应按照购货或接受劳务的单位设置明细账，进行明细分类核算。

5.“应收票据”账户

“应收票据”账户用来核算企业因销售商品、产品及提供劳务而收到的商业汇票，包括银行承兑汇票和商业承兑汇票。该账户是资产类账户，借方登记收到的商业汇票；贷方登记到期收回货款或背书转让的商业汇票；期末借方余额表示尚未到期兑现的商业汇票。该账户应按照客户单位设置明细账，进行明细分类核算。

6.“预收账款”账户

“预收账款”账户用来核算企业按照合同规定向客户预收货款。该账户是负债类账户，借方登记实现销售清偿的货款或退回多收的货款；贷方登记收到预先收到的账款；期末贷方余额，表示尚未偿付的预收账款。该账户应按照客户单位设置明细账，进行明细分类核算。

7.“其他业务收入”账户

“其他业务收入”账户用来核算企业确认的除主营业务活动以外的其他经营活动实现的收入，包括出租固定资产、出租无形资产、出租包装物和商品、销售材料、用材料进行非货币性资产交换或债务重组等实现的收入。该账户是损益类账户，贷方登记企业获得的其他业务收入，借方登记期末结转到“本年利润”账户的已实现的其他业务收入；期末结转后该账户应无余额。该账户应按照其他业务的收入种类设置明细账，进行明细分类核算。

8.“其他业务成本”账户

“其他业务成本”账户用来核算企业确认的除主营业务活动以外的其他经营活动所发生的支出，包括销售材料的成本、出租固定资产的折旧费、出租无形资产的摊销额、出租包装物的成本或摊销额等。该账户是损益类账户，借方登记其他业务所发生的各项成本、支出；贷方登记期末结转到“本年利润”账户的数额；期末结转后该账户应无余额。该账户应按照其他业务的种类设置明细账，进行明细分类核算。

二、产品销售业务核算

【例 2-48】 企业销售 A 产品 200 件，开出增值税专用发票上的单位售价为 100 元，增值税额为 2 600 元，已收到款存入银行，编制会计分录如下：

借：银行存款	22 600	
贷：主营业务收入——A 产品		20 000
应交税费——应交增值税（销项税）		2 600

【例 2-49】 企业采用托收承付结算方式向乙公司销售 B 产品 400 件，每件售价 150 元，增值税额为 7 800 元，商品已发出，企业根据发票、账单等凭证，已向银行办妥托收手续，但货款尚未收到。编制会计分录如下：

借：应收账款——乙公司	67 800	
贷：主营业务收入——B 产品		60 000
应交税费——应交增值税（销项税）		7 800

【例 2-50】 企业采用商业汇票结算方式向甲公司销售 A 产品 80 件，开出增值税专用发票上的单位售价为 110 元，增值税额为 1 144 元，商品已发出，并收到购货单位开出的期限为 60 天的商业汇票一张，金额为 9 944 元。编制会计分录如下：

借：应收票据——甲公司　　9 944
　　贷：主营业务收入——A 产品　　8 800
　　　　应交税费——应交增值税 (销项税)　　1 144

【例 2-51】 企业根据合同规定，预收购货单位丙公司购买 B 产品的货款 15 000 元，并存入银行。编制会计分录如下：

借：银行存款　　15 000
　　贷：预收账款——丙公司　　15 000

【例 2-52】 企业根据合同规定，向预付货款的购买单位丙公司发出 B 产品 100 件，每件售价 150 元，按规定计算增值税 1 950 元，冲销原预收货款后尚有 1950 元为应收货款。编制会计分录如下：

借：预收账款——丙公司　　16 950
　　贷：主营业务收入——A 产品　　15 000
　　　　应交税费——应交增值税 (销项税)　　1 950

【例 2-53】 企业接到银行通知，补收销售 B 产品款项 1 950 元。编制会计分录如下：

借：银行存款　　1 950
　　贷：预收账款——乙公司　　1 950

【例 2-54】 企业以银行存款支付销售产品的广告费 6 300 元。编制会计分录如下：

借：销售费用　　6 300
　　贷：银行存款　　6 300

【例 2-55】 假设该企业销售的 A、B 两种商品属于消费税征收范围，按规定计算应交消费税 = (20 000 + 60 000 + 8 800 + 15 000) × 30% = 31 140 元 (税率为 30%)。编制会计分录如下：

借：税金及附加　　31 140
　　贷：应交税费——应交消费税　　31 140

【例 2-56】 月末，企业计算并结转已售商品的销售成本。

假设该企业计算出 A、B 两种产品的平均单位成本分别为 54.16 元、62 元，则 A、B 产品的销售成本计算如下：

A 产品的销售成本 = 280 × 54.16 = 15 164.80 元

B 产品的销售成本 = 500 × 62 = 31 000 元

编制会计分录如下：

借：主营业务成本　　46 164.80
　　贷：库存商品——A 产品　　15 164.80
　　　　　　　　——B 产品　　31 000

三、其他销售业务核算

【例 2-57】 企业售出甲材料 10 吨，价款为 50 000 元，增值税为 6 500 元，款项已存入银行。编制会计分录如下：

借：银行存款　　56 500
　　贷：其他业务收入　　50 000
　　　　应交税费——应交增值税（销项税）　　6 500

【例 2-58】 结转出售甲材料的成本为 30 000 元。编制会计分录如下：

借：其他业务成本　　30 000
　　贷：原材料——甲材料　　30 000

【例 2-59】 企业出租包装物，收到出租包装物租金收入为 23 400 元，款项存入银行。编制会计分录如下：

借：银行存款　　23 400
　　贷：其他业务收入　　23 400

【例 2-60】 结转上述出租包装物的成本为 12 000 元。编制会计分录如下：

借：其他业务成本　　12 000
　　贷：周转材料——包装物　　12 000

任务五　利润形成及分配业务的核算

一、利润介绍

利润分配业务的核算

（一）利润的含义

利润是指企业在一定会计期间的经营成果。企业一方面应正确确定本期利润，另一方面对实现的净利润要根据有关法律规定进行分配。因此，财务成果业务核算的主要内容有两个方面，即确定企业的利润和对利润的分配。

（二）利润的形成过程

企业为了在每个会计期末确定本期实现的净利润总额或亏损总额，须将本期发生的各项收入、费用从上述收入、费用账户结转到“本年利润”账户，将收入与费用进行对比确定的差额，即为本期实现的净利润或发生的亏损。

利润的有关计算公式如下：

营业利润 = 营业收入 − 营业成本 − 税金及附加 − 销售费用 − 管理费用 − 财务费用 − 资产减值损失 + 公允价值变动收益（− 公允价值变动损失）+ 投资收益（− 投资损失）

利润总额 = 营业利润 + 营业外收入 - 营业外支出

净利润 = 利润总额 - 所得税费用

（三）利润项目

利润中包含的项目有：营业收入、营业成本、税金及附加、销售费用、管理费用、财务费用、资产减值损失、公允价值变动收益、投资收益、营业外收入、营业外支出。

1. 营业收入

营业收入是利润的主要来源，但不是净利润。营业收入是指从事主营业务或其他业务所取得的收入。营业收入分为主营业务收入和其他业务收入(如商业企业的商品销售收入、生产加工企业的产品销售收入、饮食业的饮食品销售收入、服务业的服务收入、仓储企业的仓储收入、运输企业的运费收入、代办运输收入等)。

2. 营业成本

营业成本是指企业经营主要业务和其他业务所发生的成本总额。营业成本分为主营业务成本和其他业务成本，它们是与主营业务收入和其他业务收入相对应的一组概念。

3. 资产减值损失

资产减值损失是指企业在资产负债表日，经过对资产的测试，判断资产的可收回金额低于其账面价值而计提资产减值准备所确认的相应损失。资产减值损失在会计核算中属于损益类科目。

4. 公允价值变动收益

公允价值变动收益是指交易性金融资产等的公允价值变动形成的收益。

5. 投资收益

投资收益是指企业或个人对外投资所得的收益(所发生的损失为负数)，如企业对外投资取得股利收入、债券利息收入以及与其他单位联营所分得的利润等。

6. 营业外收入

营业外收入是指与企业日常经营活动没有直接关系的各项利得。营业外收入并不是企业经营资金耗费所产生的，不需要企业付出代价，它实际上是企业经济利益的净流入，不需要与有关的费用进行配比。营业外收入主要包括非流动资产处置利得、非货币性资产交换利得、债务重组利得、政府补助利得、盘盈利得、罚没利得、捐赠利得等。

7. 营业外支出

营业外支出是指企业发生的与其日常经营活动无直接关系的各项损失，包括非流动资产处置损失、非货币性资产交换损失、债务重组损失、罚款支出、公益性捐赠支出、非常损失等。

二、利润形成的账务处理

（一）结转收入

账户设置如下：

1.“本年利润”账户

“本年利润”账户用以核算企业本期实现的净利润（或亏损）。该账户为所有者权益类账户，其贷方登记期末各损益收入类账户转入的数额，借方登记期末各损益支出类账户转入的数额，结转后，“本年利润”账户如为贷方余额即为本期净利润，如为借方余额则为本期净亏损。

2.“营业外收入”账户

“营业外收入”账户是用以核算营业外收入的取得及结转情况的账户。该账户为损益类账户，账户的贷方登记确认的营业外收入，借方登记期末转入“本年利润”账户的营业外收入额，结转后该账户期末无余额。该账户应按营业外收入项目设置明细账，进行明细分类核算。

3.“营业外支出”账户

“营业外支出”账户是用以核算营业外支出的发生及结转情况的账户。该账户为损益类账户，账户的借方登记发生的营业外支出，贷方登记期末转入“本年利润”账户的营业外支出数，期末结转后无余额。该账户应按营业外支出项目设置明细账，进行明细分类核算。

【例 2-61】 有关资料，企业的损益收入类账户与损益支出类账户的本期发生额如表 2-4-8 所示。

表 2-4-8　损益类账户本期发生额　　单位：元

账户名称	借方发生额	贷方发生额
主营业务收入		166 500
主营业务成本	116 000	
销售费用	5 000	
税金及附加	2 000	
管理费用	7 200	
财务费用	500	
营业外收入		3 000
营业外支出	3 500	
所得税费用	8 825	

将各项收入从有关收入账户转入“本年利润”账户。编制会计分录如下：

借：主营业务收入　　166 500
　　营业外收入　　3 000

　　贷：本年利润　　　　　　　　　　169 500

（二）结转支出

将表 2-4-8 中的各项费用支出从各有关支出类账户转入“本年利润”账户。编制会计分录如下：

借：本年利润　　　　　　　　　　143 025
　　贷：主营业务成本　　　　　　　　116 000
　　　　税金及附加　　　　　　　　　2 000
　　　　销售费用　　　　　　　　　　5 000
　　　　管理费用　　　　　　　　　　7 200
　　　　财务费用　　　　　　　　　　　500
　　　　营业外支出　　　　　　　　　3 500
　　　　所得税费用　　　　　　　　　8 825

通过结转，即可确定本期实现的净利润为 26 475(169 500 − 143 025) 元。

三、利润分配

（一）利润分配的顺序

企业的利润总额扣除所得税费用后为净利润，净利润应根据国家有关规定和投资者的决议进行分配。利润分配的内容和程序如下：

(1) 提取法定盈余公积。法定盈余公积按照本年实现净利润的 10% 提取，企业提取的法定盈余公积累计额达到其注册资本的 50% 时，可以不再提取。

(2) 提取任意公积。公司从税后利润中提取法定公积金后，经股东会或者股东大会决议，还可以从税后利润中提取任意公积金。

(3) 分配给投资者利润或股利。公司弥补亏损和提取公积金后所余税后利润，有限责任公司依照公司法的规定分配；股份有限公司按照股东持有的股份比例分配，但股份有限公司章程规定不按持股比例分配的除外。

（二）利润分配的账务处理

账户设置如下：

1. “利润分配”账户

“利润分配”账户是用以核算企业利润的分配（或亏损的弥补）和历年分配（或弥补）后的未分配利润（或未弥补亏损）的账户。该账户为所有者权益类账户，平时，其借方登记已分配的利润数，贷方一般不作登记。年末，将企业实现的净利润从“本年利润”账户转入“利润分配”账户贷方，若本年发生亏损，则将亏损额从“本年利润”账户转入“利润分配”账户借方；结转后，本账户如为年末贷方余额，表示累计未分配利润，如为年末借方余额，表示累计未弥补亏损。为了具体反映企业利润分配情况和未分配利润情况，本账户应设置“提取盈余公积”“应付股利”“未分配利润”等明细账户进行明细分类核算。

2.“盈余公积”账户

“盈余公积”账户是用以核算企业盈余公积的提取、使用和结余情况的账户。该账户为所有者权益类账户，其贷方登记提取的盈余公积数，借方登记盈余公积的使用数，期末贷方余额，表示盈余公积的结余数额。

3.“应付股利”账户

“应付股利”账户是用以核算企业确定或宣告支付但尚未实际支付的利润或现金股利的账户。该账户为负债类账户，其贷方登记应支付给投资者的利润或现金股利；借方登记实际支付的利润或现金股利；期末贷方余额表示企业应付未付的利润或现金股利。该账户应按投资者设置明细账进行明细核算。

【例 2-62】 企业按净利润的 10% 提取盈余公积金 2 647.50 元。

分析：该项经济业务的发生，一方面使利润减少（即利润分配减少）了 2 647.50 元，另一方面使盈余公积增加了 2 647.50 元。

编制会计分录如下：

借：利润分配——提取盈余公积　　2 647. 50

　　贷：盈余公积　　2 647. 50

【例 2-63】 企业决定，应分给投资者利润 11 285.90 元。

分析：该项经济业务的发生，一方面使利润分配减少了 11 285.90 元，另一方面使应付股利增加了 11 285.90 元。

编制会计分录如下：

借：利润分配——应付股利　　11 285.90

　　贷：应付股利　　11 285.90

【例 2-64】 假设本年度实现的净利润为 290 000 元，提取的盈余公积为 29 000 元，应付股利为 140 000 元。年末，将本年净利润 290 000 元转入“利润分配——未分配利润”账户。这项转账业务，编制会计分录如下：

借：本年利润　　290 000

　　贷：利润分配——未分配利润　　290 000

年末，将“利润分配”账户下其他明细账户的期末余额转入“利润分配——未分配利润”明细账户。这项转账业务，编制会计分录如下：

借：利润分配——未分配利润　　169 000

　　贷：利润分配——提取盈余公积　　29 000

　　　　　　　　——应付股利　　140 000

【课后思考】

一、简答题

1. 企业筹集资金的渠道有哪些？它们的主要区别是什么？

2. 原材料的实际采购成本中包括哪些内容？

3. 利润分配的顺序是怎样的？

二、实务题

1. 练习有关资金筹集业务的核算。

联华公司 2022 年 12 月份发生下列有关资金筹集的经济活动：

(1) 5 日，接受大明公司投入资金 100 000 元，存入银行。

(2) 8 日，收到东方公司投入设备一台，估价 160 000 元，交付使用。

(3) 10 日，从银行取得期限为六个月的银行贷款 300 000 元，存入银行。

要求：根据上述发生的经济业务编制会计分录。

2. 练习有关材料采购业务的核算。

联华公司原材料采用实际成本核算方法，2022 年 12 月发生下列经济活动：

(1) 3 日，购入甲材料，采购专用发票上注明价款为 40 000 元，增值税额为 5 200 元，款项已通过银行支付，材料已验收入库。

(2) 6 日，上个月预付了货款的乙材料到达企业，专用发票上注明价款为 50 000 元，增值税额为 6 500 元，供货单位通过银行退回余款为 11 500 元，材料验收入库。

(3) 12 日，购入丙材料，专用发票上注明价款为 60 000 元，增值税额为 7 800 元，货款未支付，材料已验收入库。

要求：根据上述发生的经济业务编制会计分录。

3. 练习有关产品生产业务的核算。

联华公司 2022 年 12 月份发生下列有关产品生产的经济活动：

(1) 10 日，用现金 700 元，购买管理部门的办公用品。

(2) 20 日，用现金 1 500 元，支付车间用房的房租。

(3) 31 日，仓库发出材料汇总如下：产品生产领用 12 000 元，车间一般耗用 4 200 元，管理部门耗用 1 800 元。

(4) 31 日，分配本月的工资费用如下：生产工人工资 24 000 元，车间管理人员工资 10 000 元，公司管理人员工资 8 000 元。

(5) 31 日，按各自工资金额的 14%，计提福利费。

(6) 31 日，计提本月固定资产的折旧费，其中，车间固定资产折旧费 2 300 元，管理部门固定资产折旧 1 500 元。

(7) 31 日，月末结转制造费用，转入生产成本账户。

(8) 31 日，月末结转完工产品，假设本月生产的产品全部完工，验收入库。

要求：根据上述发生的经济业务编制会计分录。

4. 练习有关产品销售业务的核算。

联华公司 2022 年 12 月份发生下列有关产品销售的经济活动：

(1) 2 日，向三星公司销售产品 20 台，不含税的单价为 4 000 元，增值税税率为 13%，价税款尚未收到。

(2) 8 日，通过银行支付销售产品的广告费 3 600 元。

(3) 16 日，向先锋公司销售产品 30 台，总价款为 120 000 元，增值税为 15 600 元，价税款收到并已存入银行。

(4) 22 日，收到红日公司预付的订货款 80 000 元，存入银行。

(5) 31 日，结转本月已销售产品的成本，产品单位成本为 2 800 元，销售数量 50 台。

(6) 31 日，月末计提附加税，城建税为 595 元，教育费附加为 255 元。

要求：根据上述发生的经济业务编制会计分录。

5. 练习有关利润形成业务的核算。

联华公司 2022 年 12 月份发生下列有关利润形成与分配的经济活动：

(1) 6 日，用银行存款，支付罚款 3 000 元；

(2) 9 日，报销管理部门职工差旅费 1 280 元，以现金支付；

(3) 12 日，收到客户违约收入 10 000 元，存入银行；

(4) 15 日，用银行存款，支付广告费 2 500 元；

(5) 20 日，通过银行，支付本月的银行借款利息 1 500 元；

(6) 31 日，结转本月发生的所有收入，其中，产品销售收入为 118 000 元，其他业务收入为 20 000 元，营业外收入为 12 000 元。

(7) 31 日，结转本月发生的所有费用，产品销售成本为 70 000 元，其他业务成本为 12 000 元，税金及附加为 3 200 元，销售费用为 2 500 元，管理费用为 12 000 元，财务费用为 1 500 元，营业外支出为 9 000 元。

(8) 31 日，根据业务 (6)(7) 确定的利润总额，计提 25% 的企业所得税并结转。

要求：计算联华公司 2022 年 12 月份的营业利润、利润总额和净利润，并编制出上述经济业务的会计分录。

03 PART

会计工作循环

企业财务会计基础

项目一　会计凭证

学习目标

(1) 了解会计凭证的概念与作用，熟悉会计凭证的传递程序。

(2) 熟悉原始凭证的种类与记账凭证的种类。

(3) 掌握原始凭证的填制方法与记账凭证的填制方法。

(4) 掌握原始凭证的审核要点与记账凭证的审核要点。

导入案例

华丰公司2022年发生了大量的经济业务，取得并填制了大量的单据，包括购买材料取得的增值税发票、银行付款的回单、验收材料的入库单、生产领用材料的领料单、发放工资编制的工资表、职工借款的借支单、销售产品开具的增值税发票、商品的出库单、银行收款的回单。还有各种大量的票据，如火车票、飞机票、住宿发票、餐饮发票、运费发票、保险发票、话费发票、广告发票等。华丰公司如何将这些单据上的经济业务信息用会计语言记录下来，以满足公司及相关信息使用者了解和分析公司的经营状况的需求呢？

任务一　会计凭证概述

会计凭证的作用

一、会计凭证的概念和作用

（一）会计凭证的概念

会计凭证是指记录经济业务发生或者完成情况的书面证明，它是登记账簿的依据，例如公司销售一批货物给客户需要开具增值税发票给对方，并负责发货出库甚至办理托运的业务。这些经济活动会涉及增值税发票、销售出库单、货运发票、货运单，这些票据都是会计凭证。

小贴士

为了保证会计核算资料的客观性和真实性，对于发生的每一笔经济业务，都必须有经办业务的有关人员获取的会计凭证，并经过会计人员审核。凭证既是业务发生的证明文件，也是账务处理的依据。

（二）会计凭证的作用

1. 记录经济业务，提供记账依据

当一项经济业务发生时，有关经办人员必须及时准确地将经济业务的真实信息（如上述销售业务中的有关产品数量、单价、金额等经济信息）详细记录在有关凭证上，由专人负责审核，才能据以登记账簿。

2. 明确经济责任，强化内部控制

不同部门及人员在经办一项经济业务时，须在有关凭证上签章，这些签章有效保证了业务流程的合法性和合规性，同时明确了签章者对经济业务的真实性和合法性的经济责任。这样才能够加强内部控制制度，促进有关部门及人员遵章守纪，按制度规定办事，即使发生了问题，也易于弄清情况，区分责任。

3. 监督经济活动，控制经济运行

审核会计凭证可以充分发挥会计的监督职能，检查经济业务是否符合国家有关法律、制度，是否符合企业目标和财务计划等。审核会计凭证有助于企业发现企业经营管理中存在的缺陷和漏洞，及时加以制止和纠正，以保证企业经营活动正常有序地进行。

二、会计凭证的种类

会计凭证按照填制程序和用途不同，可分为原始凭证和记账凭证。不同的经济业务，其原始凭证的格式和记载内容也不同，记账凭证则是用一定格式来记录不同的经济业务。

任务二　原始凭证的认知、填制和审核

一、原始凭证的含义

原始凭证又称单据，是指在经济业务发生或完成时取得或填制的，用以记录或证明经济业务的发生或完成情况的原始凭据。原始凭证是会计核算的原始资料，记录着经济业务的所有信息，也是填制记账凭证的依据。常见的原始凭证有职工的差旅费报销单、增值税专用发票、产品销售的出库单等，所有的原始凭证必须真实合法。

小贴士

凡是不能证明经济业务已经发生或完成的凭证、文件，如派工单、购货合同、费用预算等，都不属于原始凭证，不能作为记账的原始依据。

二、原始凭证的种类

原始凭证可以按照取得来源、格式、填制的手续和内容进行分类。

（一）按取得的来源分类

原始凭证按照取得的来源可分为自制原始凭证和外来原始凭证。

1. 自制原始凭证

自制原始凭证是指由本单位有关部门和人员，在执行或完成某项经济业务时填制的，仅供本单位内部使用的原始凭证。如出差人员报销费用时填制的差旅费报销单 (如图 3-1-1 所示)、生产部门生产领用材料时填制的领料单 (如图 3-1-2 所示)、产品完工入库时仓库保管员填制的产成品入库单 (如图 3-1-3 所示) 等。

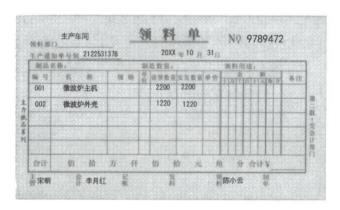

差旅费报销单

20XX 年 10 月 18 日　　单据及附加共 3 张

所属部门				销售部	姓名	苏民	出差事由	产品推广	
出发		到达		起止地点		交通费	住宿费	出差补贴	其他
月	日	月	日						
10	15	10	18	北京—南昌—北京		2380.00	780.00	400.00	
合计	大写金额：叁仟伍佰陆拾元整			¥3560.00		预支差旅费	3000.00	退回金额	
								补付金额	560.00

现金付讫

总经理：王小平　财务经理：宋明　会计：李月红　出纳：徐倩　部门经理：李为为　报销人：苏民

图 3-1-1　差旅费报销单

领料单　　№ 9789472

领料部门 生产车间

生产通知单号别 2122531378　　20XX 年 10 月 31 日

制品名称：			制造数量：			领料用途：		
编号	名称	规格	单位	请领数量	实发数量	单价	金额（十 万 千 百 十 元 角 分）	备注
001	微波炉主机			2200	2200			
002	微波炉外壳			1220	1220			
合计	佰 拾 万 仟 佰 拾 元 角 分 合计¥							

主管 宋明　会计 李月红　记帐　发料　领料 陈小云　制单

主力纸品系列　第二联：交会计部门

图 3-1-2　领料单

入库单　　№ 9766461

物资类别 产成品

20XX 年 10 月 31 日　连续号

交来单位或部门	生产车间	发票号码或生产单号码		验收仓库	一仓库	入库日期	20XX-10-31
编号	名称及规格	单位	数量	单价	金额	备注	
001	A 型微波炉		2500				
002	B 型微波炉		1600				
合计	佰 拾 万 仟 佰 拾 元 角 分 ¥:						

部门主管 宋明　会计 李月红　记帐　保管　验货　缴库 刘保　制单

主力纸品系列　第二联 记帐

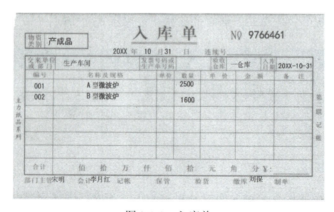

图 3-1-3　入库单

2. 外来原始凭证

外来原始凭证是指在经济业务发生或完成时，从其他单位或个人处直接取得的原始凭证。如购买货物从供货商处取得的增值税专用发票（如图 3-1-4 所示）、银行结算业务的回单（如图 3-1-5 所示）、航空运输电子客票行程单（如图 3-1-6 所示）等。

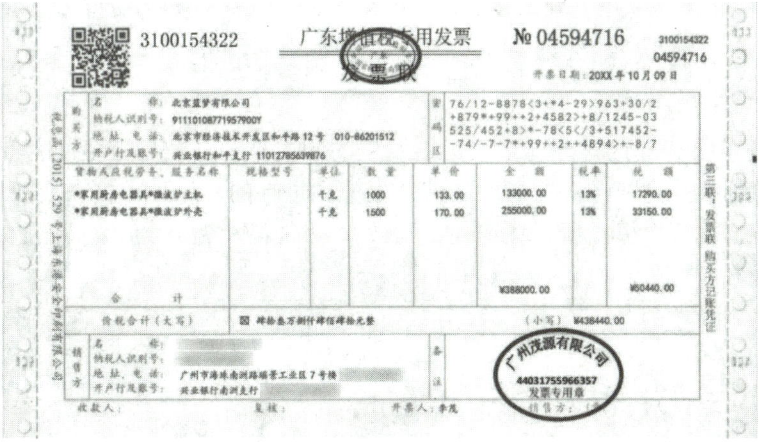

3100154322　广东增值税专用发票　№ 04594716　3100154322 04594716
发票联
开票日期：20XX 年 10 月 09 日

购买方　名称：北京蓝梦有限公司
纳税人识别号：91110108771957900Y
地址、电话：北京市经济技术开发区和平路 12 号　010-86201512
开户行及账号：兴业银行和平支行　11012785639876

密码区：76/12-8878<3+*4-29>963+30/2 +879*+99++2+4582>+8/1245-03 525/452+8>*-78<5</3+517452- -74/-7-7*+99++2+4894>+-8/7

货物或应税劳务、服务名称	规格型号	单位	数量	单价	金额	税率	税额
*家用厨房电器具*微波炉主机		千克	1000	133.00	133000.00	13%	17290.00
*家用厨房电器具*微波炉外壳		千克	1500	170.00	255000.00	13%	33150.00
合　计					¥388000.00		¥50440.00
价税合计（大写）	⊗ 肆拾叁万捌仟肆佰肆拾元整				（小写）¥438440.00		

销售方　名称：
纳税人识别号：
地址、电话：广州市海珠南洲路瑞景工业区 7 号楼
开户行及账号：兴业银行南洲支行

备注：广州茂源有限公司　440317559663357　发票专用章

收款人：　复核：　开票人：李茂　销售方：（章）

第三联：发票联　购买方记账凭证

图 3-1-4　增值税专用发票

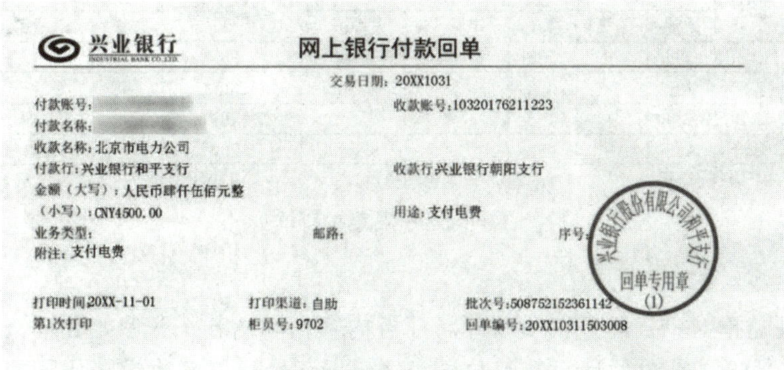

兴业银行 INDUSTRIAL BANK CO.,LTD.　网上银行付款回单

交易日期：20XX1031

付款账号：　收款账号：10320176211223
付款名称：
收款名称：北京市电力公司
付款行：兴业银行和平支行　收款行兴业银行朝阳支行
金额（大写）：人民币肆仟伍佰元整
（小写）：CNY4500.00　用途：支付电费
业务类型：　邮路：　序号：
附注：支付电费

兴业银行股份有限公司和平支行　回单专用章（1）

打印时间 20XX-11-01　打印渠道：自助　批次号：508752152361142
第1次打印　柜员号：9702　回单编号：20XX10311503008

图 3-1-5　网上银行付款回单

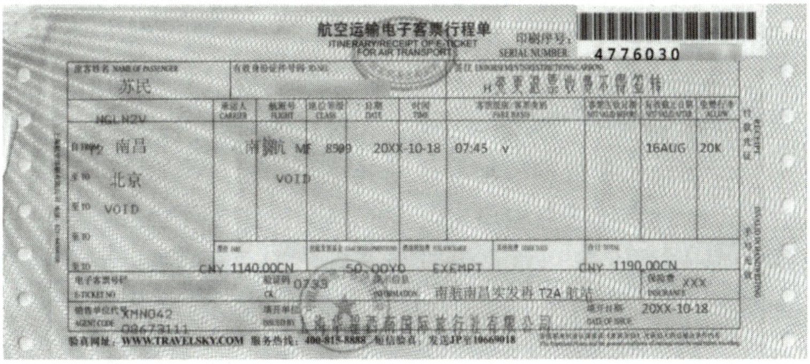

图 3-1-6　航空运输电子客票行程单

（二）按填制的手续和内容分类

原始凭证按照填制的手续可分为一次凭证、累计凭证和汇总凭证。

1. 一次凭证

一次凭证是指一次填制完成的，只记录一笔经济业务且仅一次有效的原始凭证。如企业购进材料验收入库时填制的收料单、车间或班组向仓库领料时填制的一次性使用的领料单、产品完工入库填制的产成品入库单。

以上列举的自制单据(见图 3-1-1、图 3-1-2、图 3-1-3)和外来单据(见图 3-1-4、图 3-1-5、图 3-1-6)，都是一次凭证。

2. 累计凭证

累计凭证是指在一定时期内多次记录发生的同类型经济业务且多次有效的原始凭证。累计凭证的填制手续是随经济业务的陆续发生分次进行的，这种单据在反映有关经济业务量变化的同时，也可以提高原始凭证的使用效率，简化财务核算手续。工业企业的“限额领料单”就是典型的累计凭证(如图 3-1-7 所示)。

限额领料单

领料单位：生产车间　　20××年×月2日　　发料仓库：2号

用途：B产品生产　　凭证编号：008

材料类别	材料编号	材料名称及规格	计量单位	领料限额	实际领用	单价	金额	备注
型钢	0348	圆钢Φ10mm	公斤	500	480	4.40	2 112	

日期	请领		实发			限额结余	退库	
	数量	签章	数量	发料人	领料人		数量	退货单
2.3	200		200			300		
2.12	100		100			200		
2.20	180		180			20		
合计	480		480			20		

供应部门负责人　　生产计划部门负责人　　仓库负责人签章

图 3-1-7　限额领料单

3. 汇总凭证

汇总凭证是指对一定时期内反映经济业务内容相同的若干张原始凭证按照规定标准综合填制的原始凭证。汇总凭证只能汇总同类经济业务，可以简化记账凭证的填制工作。如发料凭证汇总表、工资结算汇总表、差旅费报销单等都属于这一类凭证。

三、原始凭证的填制要求

原始凭证的填制

(一)原始凭证填制的基本要求

一个单位的会计工作是从取得或填制原始凭证开始的，原始凭证填制得正确与否会直接影响会计核算的质量，因此填制原始凭证必须符合一定的规定和要求。

1. 记录真实

凭证填写的内容和数字要真实可靠。原始凭证上所填写的经济业务发生的日期、内容、数量和金额等信息必须与实际情况完全相符。

2. 内容完整

凭证的各项内容必须逐项填写齐全，不得遗漏或省略。对于需要填写一式数份的原始凭证，必须一次填写完毕，各联内容必须完全相同，联次不得缺少。

3. 手续完备

经办业务的部门和人员要认真审核，签名盖章。外来的原始凭证必须盖有开具单位的公章；对外开出的原始凭证必须加盖本单位公章；从个人取得的原始凭证必须有本人的签名或盖章；单位自制的原始凭证必须附有单位负责人或其他指定人员的签名或者盖章。

4. 书写清楚、规范

原始凭证要按规定填写，文字要简练，字迹要清楚，易于辨认，不得使用未经国务院公布的简化汉字。除需要复写的凭证外，其他凭证必须用钢笔或碳素笔书写，属于套写的凭证应一次套写清楚，做到不串格、不串行。大小写金额必须相符且填写规范，小写金额用阿拉伯数字逐个书写，不得写连笔字。在金额的前面要填写人民币符号“￥”，人民币符号“￥”与阿拉伯数字之间不得留有空白，金额数字一律填写到角位与分位，无角分的，写“00”或符号“—”，有角无分的，分位写“0”，不得用符号“—”；大写金额用壹、贰、叁、肆、伍、陆、柒、捌、玖、拾、佰、仟、万、亿、元、角、分、零、整等汉字，一律用正楷或行书字体书写，大写金额前无“人民币”字样的，应加写“人民币”三个字，“人民币”字样和大写金额之间不得留有空白，大写金额到元或角为止的，后面要写“整”或“正”字，大写金额有分的，分字后面不写“整”或者“正”字。

5. 连续编号

原始凭证应连续编号，并在填制时按照编号的次序使用。各种凭证如果已预先印定编号，在写错作废时，应当加盖“作废”戳记，并全部保存，不得撕毁。

6. 不得涂改、刮擦、挖补

原始凭证的任何内容都不允许随意涂改，发现原始凭证有错误的，应当由开出单位重开或者更正，更正处应当加盖开出单位公章。其中，原始凭证金额有错误的应当由出具单位重开，不得在原始凭证上更正。

7. 填制及时

原始凭证应在发生或完成业务时就填写。当每一项经济业务发生或完成时，应立即填制原始凭证，并按规定的程序及时送交会计部门，经会计部门审核无误后据此编制记账凭证。

（二）自制原始凭证的填制要求

不同的自制原始凭证，其填制要求也有所不同。

1. 一次凭证的填制

一次凭证应在经济业务发生或完成时，由相关业务人员一次填制完成。该凭证往往只能反映一项经济业务，或者同时反映若干项同一性质的经济业务。一次凭证可以是自制的原始凭证，也可以是外来取得的原始凭证。下面以“收料单”和“领料单”的填制为例，介绍一次凭证的填制方法。

(1)“收料单”是企业购进材料验收入库时，由仓库保管人员根据购入材料的实际验收情况填制的一次性原始凭证，如图 3-1-8 所示。企业外购材料都应履行入库手续，由仓库保管人员根据供应单位开来的发票账单，严格审核，对运达入库的材料认真计量，并按实收数量认真填制“收料单”。

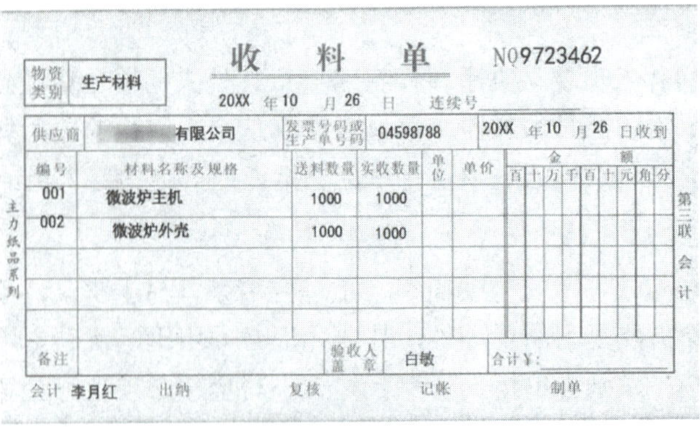

收料单　NO9723462

物资类别：生产材料

20XX 年 10 月 26 日　连续号

供应商	有限公司	发票号码或生产单号码	04598788	20XX 年 10 月 26 日收到

编号	材料名称及规格	送料数量	实收数量	单位	单价	金额（百十万千百十元角分）
001	微波炉主机	1000	1000			
002	微波炉外壳	1000	1000			

备注　　验收人盖章：白敏　　合计¥：

会计：李月红　出纳　复核　记帐　制单

主力纸品系列　　第三联 会计

图 3-1-8　收料单

小贴士

“收料单”一式三联：一联留仓库，据以登记材料物资明细账和材料卡片；一联随发票账单到会计处报账；一联交采购人员存查。

(2)“领料单”一般都是一料一单，是在经济业务发生或完成时，由经办人员填制的，一般只反映一项经济业务，或者同时反映若干项同类性质的经济业务。如企业、车间或部门从仓库中领用各种材料，都应履行出库手续，由领料经办人根据需要材料的情况填写领料单，并经该单位主管领导批准到仓库领用材料。仓库保管员根据领料单，审核其用途，认真计量发放材料，并在领料单上签章。

小贴士

“领料单”一式三联：一联留领料部门备查；一联留仓库，据以登记材料物资明细账和材料卡片；一联转会计部门或月末经汇总后转会计部门，据以进行总分类核算。

2. 累计凭证的填制

累计凭证应在每次经济业务完成后，由相关人员在同一张凭证上重复填制完成。该凭证能在一定时期内不断重复地反映同类经济业务的完成情况。累计凭证不是一次完成的，需多次填制完成。

“限额领料单”（如图 3-1-7 所示）是多次使用的累计领料凭证。在有效期内（一般为一个月），只要领用数量不超过限额就可以连续使用。

3. 汇总凭证的填制

汇总凭证应由相关人员在汇总一定时期内反映同类经济业务的原始凭证后填制完成。该凭证只能将类型相同的经济业务进行汇总，不能汇总两类或两类以上的经济业务。仓库根据一个月内所有的收料单和领料单分别汇总编制的收料凭证汇总表和发料凭证汇总表就是典型的汇总凭证。

（三）外来原始凭证的填制要求

外来原始凭证应在企业同外单位发生经济业务时，由外单位的相关人员填制完成。外来原始凭证一般由税务局等部门统一印制，或经税务部门批准由经营单位印制，在填制时加盖出具凭证单位公章方为有效。

小贴士

对于一式多联的原始凭证必须用复写纸套写或打印机套打。

1. 增值税专用发票的填制

增值税专用发票（如图 3-1-4 所示）是由国家税务总局监制设计印制的，只限于增值税一般纳税人领购使用，既作为纳税人反映经济活动的重要会计凭证又是兼记销货方纳税义务和购货方进项税额的合法证明。

增值税专用发票由基本联次或基本联次附加其他联次构成。基本联次为三联：发票联、抵扣联和记账联。发票联作为购买方核算采购成本和增值税进项税额记账凭证，抵扣联作为购买方报送主管税务机关认证和留存备查的凭证，记账联作为销售方核算销售收入和增值税销项税额的记账凭证。其他联次的用途由一般纳税人自行确定。

2. 增值税普通发票的填制

增值税普通发票（如图 3-1-9 所示）的格式、字体、栏次、内容与增值税专用发票完全一致。增值税普通发票按发票联次可分为两联票和五联票两种，基本联次为两联：第一联为记账联，销售方用作记账凭证；第二联为发票联，购买方用作记账凭证。

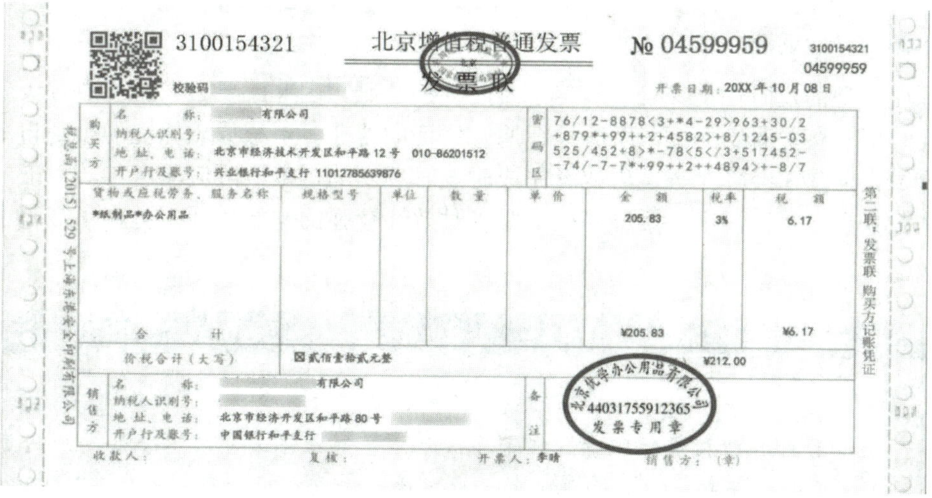

3100154321　北京增值税普通发票　№ 04599959　3100154321　04599959

发票联

校验码　　开票日期：20XX 年 10 月 08 日

购买方　名称：有限公司
纳税人识别号：
地址、电话：北京市经济技术开发区和平路 12 号　010-86201512
开户行及账号：兴业银行和平支行　11012785639876

密码区　76/12-8878<3+*4-29>963+30/2
+879*+99++2+4582>+8/1245-03
525/452+8>*-78<5</3+517452-
-74/-7-7*+99++2+4894>+-8/7

货物或应税劳务、服务名称	规格型号	单位	数量	单价	金额	税率	税额
*纸制品*办公用品					205.83	3%	6.17
合计					¥205.83		¥6.17
价税合计（大写）	⊠贰佰壹拾贰元整				¥212.00		

销售方　名称：有限公司
纳税人识别号：
地址、电话：北京市经济开发区和平路 80 号
开户行及账号：中国银行和平支行

备注　北京优学办公用品有限公司　44031755912365　发票专用章

收款人：　复核：　开票人：李晴　销售方：（章）

第二联：发票联　购买方记账凭证

税总函〔2015〕529 号上海东港安全印刷有限公司

图 3-1-9　增值税普通发票

四、原始凭证的审核

为了如实反映经济业务的发生和完成情况，充分发挥会计的监督职能，保证会计信息的

真实、合法、完整和准确，会计人员必须对原始凭证进行严格审核。审核的内容主要包括：

1. 审核原始凭证的真实性

审核原始凭证的真实性包括审核原始凭证的填制日期、所记录经济业务的内容和数据等是否符合实际。具体来说，就是原始凭证所记载的经济业务的实物量和价值量、业务的有关单位和人员、业务发生的时间和地点等经济信息都必须是真实的。

2. 审核原始凭证的合法性

审核原始凭证的合法性包括审核原始凭证所反映的经济业务是否符合国家的政策、法令、制度的规定，有无违反财经纪律等违法乱纪的行为，对于违法乱纪行为应当及时予以揭露和制止。

3. 审核原始凭证的合理性

审核原始凭证的合理性包括审核经济业务的发生是否在计划和预算内，符合费用开支标准，厉行节约。对于弄虚作假、营私舞弊、伪造涂改凭证等违法行为，必须及时揭露并向领导汇报，严肃处理。

4. 审核原始凭证的完整性

审核原始凭证的完整性包括审核原始凭证各项基本要素是否齐全，手续完备，有无漏项的情况，保证日期完整，数字清晰，文字工整，有关人员的签章齐全，凭证联次正确等。对于记载不准确、不完整的原始凭证应当予以退回。

5. 审核原始凭证的正确性

审核原始凭证的正确性包括原始凭证中各要素的填写应正确，特别是涉及数量、单价、金额、合计数的计算和填写应正确，大小写金额一致等。凭证中有书写错误的，应采用正确的方法更正，不能采用涂改、刮擦、挖补等不正确方法。

6. 审核原始凭证的及时性

原始凭证的及时性是保证会计信息及时性的基础。因此，要求在经济业务发生或完成时及时填写有关原始凭证，及时进行原始凭证的传递。审核原始凭证的填制日期，要保证原始凭证是在经济业务发生或者完成时及时填制的，审核时应注意审核凭证的填制日期，尤其是支票、银行汇票、银行本票等时效性较强的原始凭证，更应仔细验证其签发日期。

小贴士

原始凭证的审核是一项十分细致而又严肃的工作，会计人员必须遵守制度，坚持原则，履行会计人员的职责。在审核过程中，对于不真实、不合法的原始凭证，会计人员有权不予受理，并向单位负责人报告，请求查明原因，追究有关当事人的责任。对于真实、合法、合理但内容不够完整、填写有错误的原始凭证，应退回给有关经办人员，由其负责将有关凭证补充完整、更正错误或重开后，再办理正式会计手续。

任务三　记账凭证的认知、填制和审核

一、记账凭证的含义

记账凭证又称记账凭单，是指会计人员根据审核无误的原始凭证，按照经济业务的内容加以归类，并据以确定会计分录后所填制的会计凭证。记账凭证是登记账簿的直接依据。

记账凭证

小贴士

记账凭证介于原始凭证与账簿之间的中间环节，它将原始凭证中的一般数据转化为会计语言，是登记明细分类账和总分类账的直接依据。

原始凭证证明和反映了经济业务的实际内容。填制记账凭证则是将原始凭证中的经济信息转化为会计的专业语言，即根据复式记账法的原理，判断经济业务应记录的会计分录，并填写于记账凭证上。

二、记账凭证的种类

记账凭证是根据审核无误的原始凭证或原始凭证汇总表编制的。记账凭证根据经济业务内容确定账户名称、记账方向和金额，它是作为登记账簿依据的一种会计凭证。记账凭证可按不同的标准进行分类，按照用途可分为专用记账凭证和通用记账凭证；按照填列方式可分为单式记账凭证和复式记账凭证。

（一）按凭证的用途分类

1. 专用记账凭证

专用记账凭证是指分类反映经济业务的记账凭证，按其反映的经济业务内容，可分为收款凭证、付款凭证和转账凭证。规模较大、业务量较多的单位一般采用专用记账凭证。

(1) 收款凭证是指用于记录现金和银行存款收款业务的记账凭证，如图 3-1-10 所示。收款凭证分为库存现金收款凭证和银行存款收款凭证。

收　款　凭　证

总字 3 号

收字 ____ 号

借方科目：银行存款——工行太原晋源支行　　201× 年 10 月 11 日

摘　要	贷方科目				金　额										
	总分类科目	✓	明细科目	✓	万	千	百	十	万	千	百	十	元	角	分
从银行借入专门借款	长期借款	✓	本金	✓			4	5	0	0	0	0	0	0	0
合计（人民币大写）肆佰伍拾万元整						¥	4	5	0	0	0	0	0	0	0

附单据 1 张

财务主管：会计主管　　记账：综合会计　　出纳：出纳员　　审核：会计主管　　制单：综合会计

图 3-1-10　收款凭证

(2) 付款凭证是指用于记录现金和银行存款付款业务的记账凭证，如图 3-1-11 所示。付款凭证分为库存现金付款凭证和银行存款付款凭证。

付　款　凭　证

总字 42 号

贷方科目：库存现金　　　201× 年 6 月 23 日　　　付字 ____ 号

摘　要	借方科目				金　额										
	总分类科目	✓	明细科目	✓	万	千	百	十	万	千	百	十	元	角	分
偿还海蓝公司购料款	应付账款	✓	海蓝公司	✓						2	0	0	0	0	0
合计（人民币大写）贰仟元整									¥	2	0	0	0	0	0

附单据 2 张

财务主管：会计主管　　记账：综合会计　　出纳：出纳员　　审核：会计主管　　制单：综合会计

图 3-1-11　付款凭证

小贴士

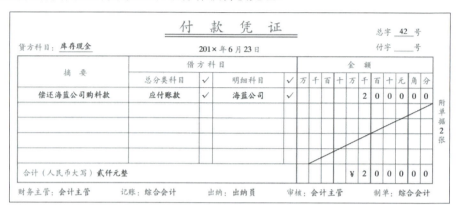

收款凭证和付款凭证是根据有关现金、银行存款收付业务的原始凭证填制的。它们是登记库存现金日记账、银行存款日记账、有关明细分类账及总分类账的依据，也是出纳人员收付款项的依据。

(3) 转账凭证是指用于记录不涉及现金和银行存款业务的记账凭证，如图 3-1-12 所示。转账凭证是会计人员根据审核无误的转账业务原始凭证填制的记账凭证，是登记有关总账和明细账等账簿的依据。

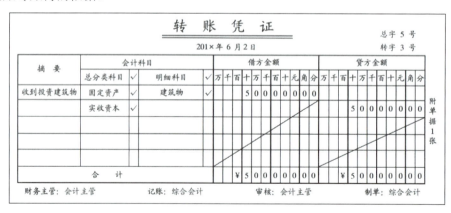

转　账　凭　证

201× 年 6 月 2 日

总字 5 号

转字 3 号

摘　要	会计科目				借方金额											贷方金额										
	总分类科目	✓	明细科目	✓	万	千	百	十	万	千	百	十	元	角	分	万	千	百	十	万	千	百	十	元	角	分
收到投资建筑物	固定资产	✓	建筑物	✓				5	0	0	0	0	0	0	0											
	实收资本	✓																	5	0	0	0	0	0	0	0
合　计							¥	5	0	0	0	0	0	0	0			¥	5	0	0	0	0	0	0	0

附单据 1 张

财务主管：会计主管　　记账：综合会计　　审核：会计主管　　制单：综合会计

图 3-1-12　转账凭证

2. 通用记账凭证

通用记账凭证是指用来反映所有经济业务的记账凭证，为各类经济业务所共同使用，其格式与转账凭证基本相同，如图 3-1-13 所示。通用记账凭证不再分为收款凭证、付款凭证和转账凭证，而是以一种统一的格式记录全部经济业务。通用记账凭证一般在业务量少、凭证不多的单位中应用。

记　账　凭　证

年　月　日　　　　　　____字第____号

摘要	会计科目		借方金额								贷方金额								记账
	总帐科目	明细科目	十	万	千	百	十	元	角	分	十	万	千	百	十	元	角	分	√
合　计																			

附件 1 张

会计主管　　出纳　　审核　　制单

图 3-1-13　记账凭证

三、记账凭证的填制要求

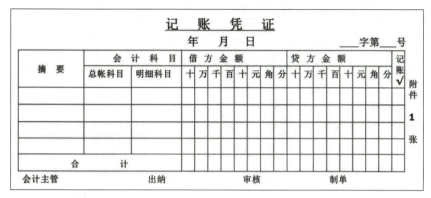

记账凭证根据审核无误的原始凭证或原始凭证汇总表填制。记账凭证填制的正确与否直接影响整个会计信息系统最终提供信息的质量。与原始凭证的填制相同，记账凭证也有记录真实、内容完整、手续齐全、填制及时等要求。

填制记账凭证

（一）记账凭证填制的基本要求

(1) 记账凭证各项内容必须完整，包括填制凭证的日期、凭证编号、摘要、会计科目、金额、经办人员签章等基本内容。

(2) 记账凭证的书写应当清楚、规范。摘要是对经济业务的简要说明，也是登记账簿的重要依据，填写时既要简明，又要确切。

(3) 除结账和更正错账可以不附原始凭证外，其他记账凭证必须附原始凭证。记账凭证上应注明所附原始凭证的张数，以便查核。如果根据同一原始凭证填制数张记账凭证时，可以将原始凭证附在一张主要的记账凭证后面，并在未附原始凭证的记账凭证上注明“附件 ×× 张，见第 ×× 号记账凭证”。如果原始凭证需要另行保管时，则应在附件栏目内加以注明。

(4) 记账凭证可以根据每一张原始凭证填制，或根据若干张同类原始凭证汇总填制，也可以根据原始凭证汇总表填制；但不得将不同内容和不同类别的原始凭证汇总填制在一张记账凭证上。

(5) 记账凭证应连续编号。记账凭证应由主管该项业务的会计人员按业务发生的顺序和不同种类的记账凭证采用“字号编号法”连续编号。编号时应注意以下三个方面：① 采用通用记账凭证时，应将所有的记账凭证不分业务内容顺序地进行编号，如记字第 1 号、记字第 2 号、记字第 3 号等；② 采用专用记账凭证时，应将收款业务、付款业务、转账业务分别按三个序列顺序编号，如收字第 1 号、收字第 2 号，付字第 1 号、付字第 2 号，转字第 1 号、转字第 2 号等；③ 如果收款凭证和付款凭证进一步分为库存现金收付款凭证和银行存款收付款凭证，则所有凭证分别按五个序列顺序编号，如现收字第 1 号、银收字第 1 号、现付字第 1 号、银付字第 1 号、转字第 1 号等。

如果一笔经济业务需要填制两张以上(含两张)记账凭证的，可以采用“分数编号法”编号。例如，一笔经济业务需要编制两张转账凭证且凭证的顺序号为20号时，可编转字$20\frac{1}{2}$号、转字$20\frac{2}{2}$号，前面的整数表示业务顺序；分子表示两张转账凭证中的第一张和第二张。

(6) 填制记账凭证时若发生错误，应当重新填制。已经登记入账的记账凭证在当年内发现填写错误时，可以用红字填写一张与原内容相同的记账凭证，在摘要栏注明“注销某月某日某号凭证”字样，同时再用蓝字重新填制一张正确的记账凭证，注明“订正某月某日某号凭证”字样。如果会计科目没有错误，只是金额栏出现错误则可以将正确数字与错误数字之间的差额另编一张调整的记账凭证，调增金额用蓝字，调减金额用红字。发现以前年度记账凭证有错误的，应当用蓝字填制一张正确的记账凭证。

(7) 记账凭证填制完成后，如有空行，应当自金额栏最后一笔金额数字下的空行处至合计数上的空行处划线注销。

(二) 收款凭证的填制要求

收款凭证是根据现金或银行存款收款业务的原始凭证填制的。收款凭证记录的一类经济业务用会计分录来表示，主要为：

借：库存现金(或银行存款)

　　贷：相对应的其他会计科目(除库存现金或银行存款外)

小贴士

收款凭证左上角的“借方科目”按收款的性质填写“库存现金”或“银行存款”；日期填写的是填制本凭证的日期；右上角填写填制收款凭证的顺序号；“摘要”填写对所记录的经济业务的简要说明；“贷方科目”填写与收入“库存现金”或“银行存款”相对应的会计科目；“记账”是指该凭证已登记账簿的标记，防止经济业务重记或漏记；“金额”是指该项经济业务的发生额；该凭证右边“附件 × 张”是指本记账凭证所附原始凭证的张数；最下边分别由有关人员签章，以明确经济责任。

(三) 付款凭证的填制要求

付款凭证是根据现金或银行存款付款业务的原始凭证填制的。付款凭证记录的一类经济业务用会计分录来表示，主要为：

借：相对应的会计科目(除库存现金或银行存款外)

　　贷：库存现金(或银行存款)

小贴士

付款凭证的填制方法与收款凭证基本相同，不同的是在付款凭证的左上角应填列贷方科目，即“库存现金”或“银行存款”科目；“借方科目”栏应填写与“库存现金”或“银行存款”相对应的一级科目和明细科目。

注意：对于涉及“库存现金”和“银行存款”之间的相互划转业务，如从银行提取现金或者将现金交存银行的业务，为了避免重复记账，一般只填制付款凭证，不再填制收款凭证。

（四）转账凭证的填制要求

转账凭证是根据不涉及现金和银行存款收付的转账业务的原始凭证填制的。转账凭证记录的一类经济业务用会计分录来表示，主要为：

借：相对应的会计科目（除库存现金或银行存款外）

　　贷：相对应的会计科目（除库存现金或银行存款外）

小贴士

转账凭证中的“总账科目”和“明细科目”栏应填写应借、应贷的总账科目和明细科目；借方科目应记金额应在同一行的“借方金额”栏填列；贷方科目应记金额应在同一行的“贷方金额”栏填列；“借方金额”栏合计数与“贷方金额”栏合计数应相等。

注意：转账凭证上记录的会计分录中一定不会出现库存现金和银行存款这两个会计科目。某些既涉及收付款业务，又涉及转账业务的综合性业务，可分开填制不同类型的记账凭证。

四、记账凭证的审核

为了保证会计信息的质量，在记账之前应由有关稽核人员对记账凭证进行严格的审核，审核的主要内容包括：

(1) 内容是否真实。审核记账凭证所记录的经济业务与所附原始凭证所反映的经济业务是否相符。

(2) 项目是否齐全。审核记账凭证如日期、凭证编号、摘要、会计科目、金额签章等填写是否齐全。

(3) 科目是否正确。审核记账凭证的应借、应贷会计科目是否正确，账户对应关系是否清楚，所使用的会计科目及其核算内容是否符合会计制度的规定。

(4) 金额是否正确。审核记账凭证上记录的金额是否与原始凭证一致，借贷方的金额填写是否有误。

(5) 书写是否规范。审核记账凭证中记录的各种经济信息是否工整、清晰。

(6) 手续是否完备。审核记账凭证上的有关签章是否齐全，对于收付款业务还要审核出纳人员是否在原始凭证上加盖收讫或付讫的戳记。

任务四　会计凭证的传递与保管

一、会计凭证的传递

会计凭证的传递是指从会计凭证的取得或填制时起至归档保管过程中，在单位内部有关部门和人员之间的传送程序。会计凭证的传递应当满足内部控制制度的要求，以使传递程序合理有效，同时尽量节约传递时间，减少传递的工作量。各单位应根据具体情况确定每一种会计凭证的传递程序和方法。科学的传递程序应该使会计凭证沿着最迅速、最合理的流向运行。

会计凭证的传递具体包括传递程序和传递时间。各单位应根据经济业务的特点、内部机构的设置、人员分工和管理的要求来规定各种凭证的具体传递程序；根据有关部门和经办人员办理业务的情况，确定凭证的传递时间。

二、会计凭证的保管

会计凭证的保管是指会计凭证记账后的整理、装订、归档和存查工作。作为记账的依据，会计凭证是重要的会计档案和经济资料。本单位以及其他有关单位可能会因为各种需求要查阅会计凭证，特别是发生贪污、盗窃等违法乱纪行为时，会计凭证还是依法处理的有效证据。因此，任何单位在完成经济业务手续和记账后，必须将会计凭证按规定的立卷归档制度形成会计档案资料，妥善保管，防止丢失，不得任意销毁，以便日后随时查阅。

会计凭证的保管要求主要有：

(1) 会计凭证应定期装订成册，防止散失。会计部门在依据会计凭证记账以后，应定期 (每天、每旬或每月) 对各种会计凭证进行分类整理，将各种记账凭证按照编号顺序，连同所附的原始凭证一起加具封面和封底，装订成册，并在装订线上加贴封签，由装订人员在装订线封签处签名或盖章。

当从外单位取得的原始凭证遗失时，应取得原签发单位盖有公章的证明，并注明原始凭证的号码、金额、内容等，由经办单位会计机构负责人 (会计主管人员) 和单位负责人批准后，才能代作原始凭证。若确实无法取得证明的，如车票丢失，则应由当事人写明详细情况，由经办单位会计机构负责人 (会计主管人员) 和单位负责人批准后，代作原始凭证。

(2) 会计凭证封面应注明单位名称、凭证种类、凭证张数、起止号数、年度、月份、会计主管人员和装订人员等有关事项，且会计主管人员和保管人员应在封面上签章。

(3) 会计凭证应加贴封条，防止抽换凭证。原始凭证不得外借，其他单位如有特殊原因确实需要使用时，经本单位会计机构负责人 (会计主管人员) 批准，可以复制。向外单位提供的原始凭证复制件应在专设的登记簿上登记，并由提供人员和收取人员共同签名、盖章。

(4) 原始凭证较多时，可单独装订，但应在凭证封面注明所属记账凭证的日期、编号和种类，同时在所属的记账凭证上应注明“附件另订”及原始凭证的名称和编号，以便查阅。对各种重要的原始凭证，如押金收据、提货单等，以及各种需要随时查阅和退回的单据，应另编目录，单独保管，并在有关的记账凭证和原始凭证上分别注明日期和编号。

(5) 每年装订成册的会计凭证，在年度终了时可暂由单位会计机构保管一年，期满后应当移交本单位档案机构统一保管；未设立档案机构的，应当在会计机构内部指定专人保管。出纳人员不得兼管会计档案。

(6) 严格遵守会计凭证的保管期限要求，期满前不得任意销毁。会计凭证的保管期限和销毁手续应严格遵循《会计档案管理办法》的有关规定。一般会计凭证保管期限为30年，未满保管期限的会计凭证不得任意销毁。会计凭证保管期满后，必须按照规定的审批手续，报经批准后才能销毁。

【课后思考】

简答题

1. 原始凭证的填制内容有哪些？
2. 会计收到有错误的原始凭证应如何处理？
3. 记账凭证有哪些种类？
4. 记账凭证的填制内容有哪些？
5. 会计审核发现错误的记账凭证应如何处理？
6. 会计凭证的保管期满以后，企业可以自行进行处理吗？

项目二　会计账簿

学习目标

(1) 了解会计账簿的概念与分类、会计账簿的更换与保管。

(2) 熟悉会计账簿的登记要求、总分类账与明细分类账平行登记的要点。

(3) 掌握日记账、总分类账及有关明细分类账的登记方法。

(4) 掌握对账与结账的方法以及错账查找与更正的方法。

导入案例

华丰公司会计人员根据审核无误的原始凭证编制好了记账凭证。由于一张张记账凭证反映的业务信息是零星的、分散的，会计信息使用者想快速了解公司银行账户里还有多少余额，仓库里还存放着多少材料，公司还有多少债权尚未收回，公司还剩下多少债务没有偿还等信息可能是比较困难的。

为了把会计凭证中大量零散的信息资料进行集中归类，以提供系统、完整、有用的会计信息，各单位必须设置和登记会计账簿。会计账簿是编制财务报表的基础，是连接会计凭证和财务报表的中间环节。

任务一　会计账簿的认知

会计账簿

一、会计账簿的含义与作用

在会计核算工作中，填制与审核会计凭证可以反映和监督每项经济业务的发生和完成情况。但是，会计凭证的数量繁多，又很分散，每张会计凭证只反映个别经济业务，所提供的信息分散、缺乏系统性，不能连续、系统、完整地反映和监督一个经济单位在一定时期内的经济活动和财务收支情况，也不便于会计信息的整理与报告。为了适应经济管理的要求，提供完整、连续、系统的核算资料，就需要用记账簿的方法，即把分散在会计凭证上的大量核算资料加以归类整理，并按照一定的要求登记到有关账簿中。

会计账簿是指由一定格式的账页组成的，以经过审核的会计凭证为依据，全面、系统、连续地记录各项经济业务的簿籍。

设置和登记会计账簿是会计核算中对经济信息进行加工整理的一种专门方法，是会计核算工作的一个重要环节，是编制财务报表的基础，也是连接会计凭证和财务报表的中间环节，在会计核算中具有重要作用。

（一）记载和储存会计信息

将会计凭证所记录的经济业务记入有关账簿，可以全面反映会计主体在一定时期内所发生的各项资金运动，储存所需要的各项会计信息。

（二）分类和汇总会计信息

账簿由不同的、相互关联的账户所构成，通过账簿记录，一方面可以分门别类地反映各项会计信息，提供一定时期内经济活动的详细情况；另一方面可以通过对发生额、余额的计算，提供各方面所需要的总括会计信息，反映财务状况、经营成果和现金流量的综合价值指标。

（三）检查和校正会计信息

账簿记录是会计凭证信息的进一步整理，也是会计分析、会计检查的重要依据。如在永续盘存制下，通过对有关盘存账户余额与实际盘点或核查结果的核对，可以确认财产的盘盈或盘亏，并根据实际结存数额调整账簿记录，做到账实相符，提供如实、可靠的会计信息。

（四）编报和输出会计信息

为了及时反映企业的财务状况与经营成果，应定期进行结账工作，对有关账簿进行核对，并计算出本期的发生额和余额，再根据信息编制财务报表，向有关各方面提供所需的会计信息。

二、会计账簿的种类

会计账簿的种类很多，不同类别的会计账簿可以提供不同的信息，满足不同的需要。

（一）按用途分类

1. 序时账簿

序时账簿，又称日记账，是按照经济业务发生时间的先后顺序逐日、逐笔登记的账簿。序时账簿按其记录的内容，可分为普通日记账和特种日记账。

(1) 普通日记账是对全部经济业务按其发生时间的先后顺序逐日、逐笔登记的账簿，也称通用日记账，是用来序时登记各单位全部经济业务会计分录的日记账。在普通日记账中，按照每日发生经济业务的先后顺序，逐项编制会计分录，因而这种日记账也称分录日记账。设置普通日记账的单位，不再填制记账凭证，以免重复。

普通日记账能够全面反映企业在一定时期内发生的所有经济业务的全貌，账户对应关系清楚，便于了解经济业务的来龙去脉。其缺点是只有一本日记账，不便于分工记账，也不能反映某一特定账户的发生额和余额的变化情况。实际中已经很少使用普通日记账。

(2) 特种日记账是对某一特定种类的经济业务按其发生时间的先后顺序逐日、逐笔登记的账簿。特种日记账将该类经济业务按其发生的先后顺序记入账簿中，反映这一特定项目的详细情况。如各经济单位为了对现金和银行存款加强管理，一般会设置的库存现金日记账（如表 3-2-1 所示）和银行存款日记账（如图 3-2-1 所示），对库存现金和银行存款的收付及结存情况进行序时登记，以便加强货币资金的核算和管理。

表 3-2-1　库存现金日记账

库存现金日记账　　单位：元

2020 年		凭证		摘要	对应科目	收入	支出	结余
月	日	种类	号数					
3	1			上月转入				3 000
3	2	银付	1	提取现金	银行存款	7 000		10 000
3	8	现付	1	付购料运费	材料采购		7 800	2 200
3	15	现收	1	张三报销差旅费	其他应收款	360		2 560
				（以下内容略）				
3	31			本月合计		14 300	14 100	3 200

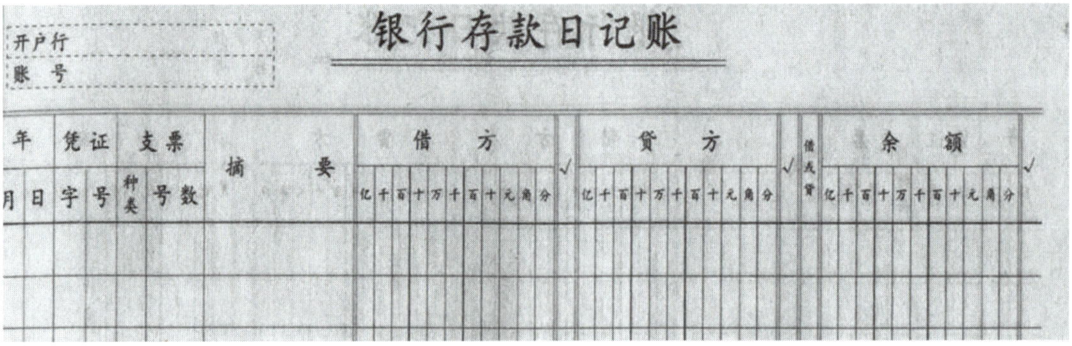

图 3-2-1　银行存款日记账

2. 分类账簿

分类账簿是按照会计要素的具体类别而设置的分类账户进行登记的账簿。账簿按其反映经济业务的详略程度，可分为总分类账簿和明细分类账簿。

总分类账簿又称总账（如图 3-2-2 所示），是根据总分类账户开设的，能够全面地反映企业的经济活动。明细分类账簿又称明细账（如图 3-2-3 所示），是根据明细分类账户开设的，用来提供明细的核算资料。

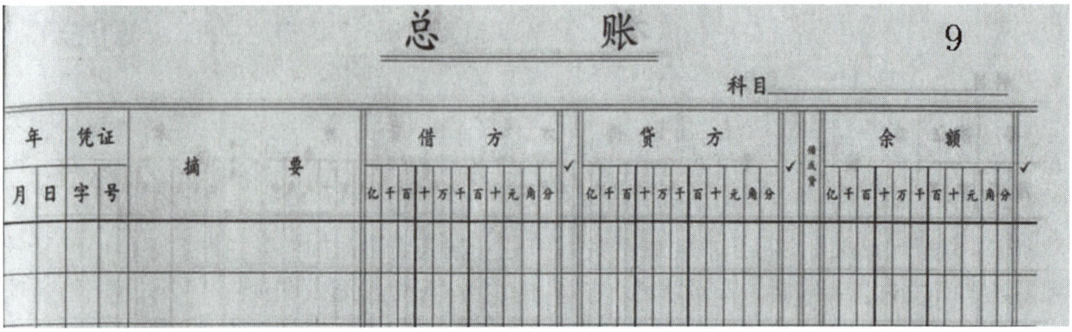

图 3-2-2　总账

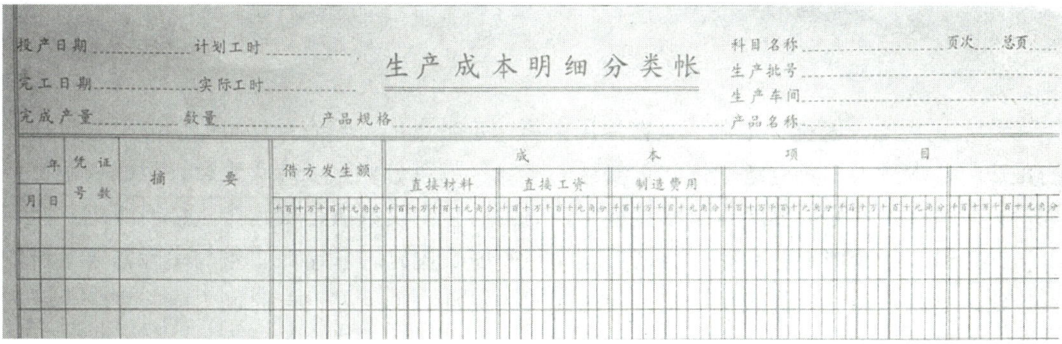

图 3-2-3　明细账

小贴士

总账对所属的明细账起统驭作用，明细账对总账进行补充和说明。总分类账簿是用来核算经济业务的总括内容的账簿。按照明细分类账户分类登记经济业务的账簿为明细分类账簿，明细分类账簿是用来核算经济业务的详细内容的账簿。总分类账簿的总额与其所属的明细分类账簿的金额之和相等。总分类账簿与明细分类账的作用各不相同，但互为补充。

3. 备查账簿

备查账簿，又称辅助登记簿或补充登记簿，是指对某些在序时账簿和分类账中未能记载或记载不全的经济业务进行补充登记的账簿。备查账簿只是对其他记录的一种补充，与其他账簿之间不存在严密的依存和勾稽关系。备查账簿根据实际需要设置，没有固定的格式要求。设置备查账簿便于日后对有关事项进行查找。

（二）按账页格式分类

1. 三栏式账簿

三栏式账簿是指设有借方、贷方和余额三个金额栏目的账簿。例如，特种日记账、总账以及资产、债权、债务明细账都可采用三栏式账簿。某些三栏式账簿在摘要栏和借方栏目之间可以设置对方科目一栏。

2. 多栏式账簿

多栏式账簿是指在账簿的两个金额栏目（借方和贷方）按需要分设若干专栏的账簿。多栏式账簿可以按借方或者贷方分设若干专栏，也可以只在借方设置若干专栏或只在贷方设置若干专栏。例如，费用、成本和收入等明细账一般采用多栏式账簿。

3. 数量金额式账簿

数量金额式账簿是指在账簿的借方、贷方和余额三个栏目内，每个栏目再分设数量、单价和金额三个小栏目，借以反映财产物资的实物数量和价值量的账簿。例如，原材料、库存商品等存货类明细账一般采用此格式。

（三）按外形特征分类

1. 订本式账簿

订本式账簿，简称订本账，是在启用前将一定数量的、编有顺序页码的账页装订成册的账簿，一般适用于具有统驭性和重要性的账簿，如总分类账、库存现金日记账和银行存款日记账。订本式账簿的优点是账页固定，既可防止账页散失，又可防止抽换账页，有利于会计资料和会计档案的完整、严密；其缺点是账页固定，预留账页数与实际需要量可能不一致，不利于各账户的账页调整，使用起来欠灵活，而且在同一时间内只能由一人登记账簿，不便于分工记账。

2. 活页式账簿

活页式账簿，简称活页账，是将一定数量的账页置于活页夹内，可根据记账内容的变化而随时增加或减少部分账页的账簿。活页式账簿主要适用于各类明细分类账，如材料明细账，这种账簿的页数可根据需要确定，当页数不足时，可随时增加账页，并且登记方便，可同时由数人分工记账。活页式账簿的优点是可以根据需要随时添加、抽减账页，有利于分工记账，提高登账工作的效率；其缺点是账页容易散失和被抽换。因此，账簿的空白账页，在使用时需连续编号，装置在账夹中，并由有关人员盖章，以防散失；年度终了，将其装订成册，以便保管。

3. 卡片式账簿

卡片式账簿，简称卡片账，是将一定数量的卡片式账页存放于专设的卡片箱中，可以根据需要随时增添账页的账簿。卡片式账簿一般包括印有记账格式的卡片、详细登记各项经济业务的账簿。卡片式账簿的卡片不固定在一起，其数量可根据经济业务量增减。卡片式账簿的优点是具有一定的灵活性，便于增加新卡片，可以跨年度长期使用而无须更换，便于分类汇总和根据管理的需要转移账卡；缺点是容易散失或被抽换。在实际工作中，使用卡片时要按顺序编号，由有关人员在卡片上签章，并置于卡片箱内由专人保管；使用完毕应封扎归档保管，并重新编写页码，列出目录，以备日后查阅。

任务二　建立账簿

期初建账

一、建账工作介绍

新建单位和原有单位在年度开始时，会计人员均应根据核算工作的需要设置会计账簿，即平常所说的“建账”。建账基准日应以公司成立日（即营业执照签发日或营业执照变更日）为准，由于会计核算以年度、季度、月进行分期核算，所以在实际工作中，一般以公司成立当月月末或下月初为基准日。如果公司设立之日是在月度中的某一天，一般以下一个月份的月初作为建账基准日。

二、建账工作规则

账簿主要是指会计账册，亦称会计账簿，也可以理解为其主体是会计账簿。会计账册是记录会计核算的载体，建账是会计工作得以开展的基础环节。为此，我国有关法律法规对建账问题作出了明确规定。

(1) 各单位按照国家统一的会计制度的规定设置会计科目和会计账簿。

(2) 公司除法定的会计账册外，不得另立会计账册。

(3) 从事生产、经营的纳税人、扣缴义务人按照国务院财政、税务主管部门的规定设置账簿，根据合法、有效凭证记账，进行核算。

(4) 从事生产、经营的纳税人应当依照税收征管法第十二条规定，自领取营业执照之日起十五日内设置账簿。

(5) 个体工商户可以聘请经批准从事会计代理记账业务的专业机构或者具备资质的财会人员代为建账和办理账务。达不到建账标准的个体工商户，经县以上税务机关批准，可按照税收征管法的规定，建立收支凭证粘贴簿、进货销货登记簿或者使用税控装置。

任务三　登记账簿

登记账簿

一、登记账簿一般要求

为了保证账簿记录的正确性，会计人员必须根据审核无误的会计凭证登记会计账簿。登记账簿时应注意符合有关法律、行政法规和国家统一的会计准则制度的规定，主要关注以下几个方面。

1. 准确完整

登记会计账簿必须以审核无误的会计凭证为依据，将会计凭证的日期、编号、业务、内容摘要、金额和其他有关资料逐项记入账簿中，做到数字准确、摘要简明、登记及时、字迹工整。对于每天发生的各种各样的经济业务都要登记入账，确保账簿记录准确。

2. 注明记账符号

登账后，必须在记账凭证上签名或者盖章，并注明所有记账簿的页数，或画“√”表示已经登记入账，以避免重记或漏记。

3. 书写留空

书写时文字要紧靠左线；数字要写在金额栏内，不得越格移位、参差不齐；文字、数字字体大小适中，紧靠下线书写，上面要留有适当空距，一般应占行高的1/2，以备按规定的方法改错。

4. 正常记账使用蓝黑墨水

登记账簿要用蓝黑墨水或者碳素墨水书写，不得使用铅笔或圆珠笔(银行复写账簿除外)。

注意：在会计的记账书写中，数字的颜色是重要的语素之一，它同数字和文字一起传达出会计信息。如同错误的数字和文字会表达错误的信息，用错书写墨水的颜色导致的概念混乱不亚于数字和文字错误。

5. 特殊记账使用红墨水

在账簿记录中，红字表示对蓝色或黑色数字的冲销、减少，或者表示负数。

注意：下列几种情况，可以用红色墨水记账。

(1) 用红字冲账的记账凭证，冲销错误记录；

(2) 不设借贷等栏的多栏式账页中，登记减少数；

(3) 三栏式账户的余额栏前，如未印明余额方向的，在余额栏内登记负数余额；

(4) 根据我国《企业会计准则》的规定可以用红字登记的其他会计记录。

6. 顺序连续登记

各种账簿应按页的次序进行连续登记，不得跳行、隔页。如发生跳行、隔页，应在空行、空页处用红色墨水对角划线，或者注明“此行空白”“此页空白”字样，并由记账人员签名或者盖章。

7. 结出余额

凡需要结出余额的账户，结出余额后，应当在“借或贷”栏内写明“借”或者“贷”等字样，表明余额的方向。

注意：现金日记账和银行存款日记账必须逐日逐笔结出余额。没有余额的账户，应当在“借或贷”栏内写“平”字，并在“余额栏”内用“0”表示。

8. 过次页和承前页

每一账页登记完毕结转下页时，应当结出本页合计数及余额，写在本页最后一行和下页第一行有关栏内，并在摘要栏内分别注明“过次页”和“承前页”字样；也可以将本页合计数及金额只写在下页第一行有关栏内，并在摘要栏内注明“承前页”字样。

注意：不需要加计发生额的账户，只把余额转入次页，并在摘要栏内注明“承前页”。

9. 不得涂改、刮擦、挖补

账簿记录发生错误时，不准涂改、挖补、刮擦或者用药水消除字迹，不准重新抄写，应根据错误的具体情况，采用正确的方法予以更正。

发现差错必须根据差错的具体情况采用划线更正、红字更正、补充登记等方法更正，具体可以参照本项目任务五提及的错账查找与更正的方法处理。

二、各类账簿的格式和登记方法

日记账是按照经济业务发生或完成的时间先后顺序逐日逐笔进行登记的账簿。设置日记账的目的是使经济业务的时间顺序清晰地反映在账簿记录中。日记账按其所核算和监督经济业务的范围，可分为特种日记账和普通日记账。在我国，由于大多数企业一般只设特种日记账，因此，下面主要介绍库存现金日记账和银行存款日记账的格式和登记方法。

（一）库存现金日记账的格式与登记方法

1. 库存现金日记账的格式

库存现金日记账是用来核算和监督库存现金日常收付和结存情况的序时账。库存现金日记账的格式主要有三栏式和多栏式两种。库存现金日记账必须使用订本账。

三栏式库存现金日记账是用来登记库存现金的增减变动及其结果的日记账，设借方、贷方和余额三个金额栏目，一般将其分别称为收入、支出和结余三个基本栏目。

三栏式日记账不仅解决了分工记账问题，而且把大量重复发生的现金收付款业务集中在一本账簿中予以序时反映，这有利于对这类经济业务发生和完成情况进行管理和监督。但是三栏式日记账不能把对应账户的分类汇总情况加以反映。在我国的会计实际工作中，大都采用三栏式库存现金日记账。

2. 库存现金日记账的登记方法

三栏式库存现金日记账由出纳人员根据库存现金收款凭证、库存现金付款凭证以及银行存款的付款凭证，按照库存现金收付款业务和银行存款付款业务发生时间的先后顺序逐日逐笔登记，每日结出存款余额，并与库存现金进行核对。三栏式库存现金日记账的具体登记方法如下。

(1) 日期栏，填制记账凭证的日期应与现金实际收付日期一致。

(2) 凭证栏，登记入账的收付款凭证的种类及号数。如“现金收款凭证”简写为“现收”，“现金付款凭证”简写为“现付”，“银行付款凭证”简写为“银付”，同时填写登记入账的凭证编号，以便于查账对账。

(3) 摘要栏，简要记录登记入账的经济业务的内容。

(4) 对方科目栏，现金收入的来源科目或现金支出的用途科目，如将现金存入银行业务，其对方科目为“银行存款”。通过该栏目可以了解收付业务的来龙去脉。

(5) 借方（收入）、贷方（支出）栏。借方栏（收入栏）根据现金收款凭证和有关的银行存款付款凭证登记现金收入栏；贷方栏（支出栏）根据现金付款凭证登记现金支出栏。

(6) 余额（结余）栏。每日收付完毕后，应分别计算现金收入和支出的合计数，并根据“上日余额＋本日收入－本日支出＝本日结余”的公式，逐日结算出现金账面余额，还将现金日记账的账面余额与库存现金实存数进行核对，以检验每日现金收付是否有误，即通常说的“日清”。如账款不符，应查明原因，请领导批准及时处理。月终是计算当月现金收入、支出和结存的合计数，即通常说的“月结”。

（二）银行存款日记账的格式与登记方法

银行存款日记账是用来核算和监督银行存款每日的收入、支出和结余情况的账簿。银行存款日记账应按企业在银行的账户和币种分别设置，每个银行账户设置一本日记账。

银行存款日记账由出纳人员根据与银行存款收付业务有关的记账凭证，按时间先后顺序逐日逐笔地进行登记。在银行存款日记账中，根据银行存款收款凭证和有关的库存现金付款凭证登记在银行存款收入栏；根据银行存款付款凭证登记在其支出栏，每日结出存款余额，并定期（一般每月一次）与银行对账单核对。

小贴士

银行存款日记账的格式与库存现金日记账的格式相同，其登记方法也与库存现金日记账相同，不再重复。与库存现金日记账相似，如果一个单位的银行收付款凭证数量较多，为简化登账的工作量，银行存款日记账可采用多栏式日记账的格式；若银行存款的对应科目过多，可分设多栏式银行存款收入日记账和多栏式银行存款支出日记账，其格式可比照多栏式库存现金收入日记账和多栏式库存现金支出日记账。

三、总分类账的格式与登记方法

总分类账是指按照总分类账户分类登记以提供总括会计信息的账簿。总分类账最常用的格式为三栏式，设有借方、贷方和余额三个金额栏目。

总分类账的登记方法因登记的依据不同而有所不同。经济业务少的小型单位的总分类账可以根据记账凭证逐笔登记；经济业务多的大中型单位的总分类账可以根据记账凭证汇总表（又称科目汇总表）或汇总记账凭证等定期登记。

四、明细分类账的格式与登记方法

明细分类账是根据有关明细分类账户设置并登记的账簿。它能提供交易或事项比较详细、具体的核算资料，以补充总账所提供核算资料的不足。因此，各企业单位在设置总账的同时，还应设置必要的明细账。明细分类账一般采用活页式账簿、卡片式账簿。明细分类账一般根据记账凭证和相应的原始凭证来登记。

根据明细分类账记录的经济业务的特点，明细分类账的常用格式主要有以下几种：

（一）三栏式

三栏式账页设有借方、贷方和余额三个栏目，用以分类核算各项经济业务，提供详细核算资料的账簿。明细分类账的格式与三栏式总账格式相同，这种格式主要适用于只进行金额核算不需要进行数量核算的资产和债权债务账户的明细分类账核算，如“应收账款”“应付账款”“短期借款”等明细分类账。

（二）多栏式

多栏式账页是将属于同一个总账科目的各个明细科目合并在一张账页上进行登记的账簿。其根据经济业务的特点和管理的需要，在同一账页内将属于同一总账账户的所有相关明细科目或项目集中起来，分设若干专栏予以登记和反映。按照明细分类账登记的经济业务的不同，多栏式明细分类账的账页又分为借方多栏式、贷方多栏式和借贷多栏式三种常见的格式。这些格式分别适用于收入、成本、费用类账户的明细核算。

(1) 借方多栏式明细分类账是指按照借方科目设置若干个专栏，用蓝字登记，贷方发生额则用红字在有关专栏内登记的明细分类账。它适用于借方需要设置多个明细科目或明细项目的账户，如“生产成本”“管理费用”“销售费用”“财务费用”“其他业务成本”“营业外支出”等账户的明细分类核算。

(2) 贷方多栏式明细分类账是指按照贷方科目设置若干个专栏，用蓝字登记，借方发生额则用红字在有关专栏内登记的明细分类账。它适用于贷方需要设置多个明细科目或明细项目的账户，如“主营业务收入”“其他业务收入”“营业外收入”等账户的明细分类核算。

(3) 借贷多栏式明细分类账是指按照借方和贷方科目分别设置若干个专栏进行登记的明细分类账。它适用于借方和贷方都需要设置多个明细科目或明细项目的账户，如“应交税费——应交增值税”等账户的明细分类核算。

(三) 数量金额式

数量金额式明细分类账是将账页分为借方 (收入)、贷方 (发出) 和余额 (结存) 三大栏，在每栏内又分别设有数量、单价和金额三个专栏的账簿。

小贴士

数量金额式账页提供了企业有关财产物资数量和金额收、发、存的详细资料，从而能加强财产物资的实物管理和使用监督，保证这些财产物资的安全完整。这种格式适用于既要进行金额核算又要进行数量核算的账户，如原材料、库存商品、存货等账户。

五、总分类账户与明细分类账户的平行登记

(一) 总分类账户与明细分类账户的关系

总分类账户是所属明细分类账户的统驭账户，对所属明细分类账户起着控制作用；明细分类账户则是总分类账户的从属账户，对其所隶属的总分类账户起着辅助作用。

总分类账户及其所属明细分类账户的核算对象是相同的，它们所提供的核算资料互相补充，只有把二者结合起来，才能既简括又详细地反映同一核算内容。因此，总分类账户和明细分类账户必须平行登记。

(二) 总分类账户与明细分类账户平行登记的要点

平行登记是指对所发生的每项经济业务都要以会计凭证为依据，一方面记入有关总分类账户，另一方面记入所属明细分类账户的方法。

总分类账户与明细分类账户平行登记的要点是：

1. 方向相同

方向相同即体现的变动方向要相同，而并非指账户的借贷记账方向必须相同。一般情况下，总分类账及其所属的明细分类账都按借方、贷方和余额设专栏登记。这时，在总分类账与其所属明细分类账中的记账方向是相同的，如原材料账户和债权、债务结算账户 (总账与明细账都是三栏式) 即属于这种情况。但如果总分类账采用三栏式而其所属的明细分类账采用多栏式格式，在这种情况下，对于某项需要冲减有关项目金额的事项，

在明细分类账中，只能用红字记入其相反的记账方向而与总分类账中的记账方向不一致。

如“生产成本”明细分类账户，借方按其组成项目设置多栏，发生退料需冲减原材料费用时，总分类账用蓝字记入贷方，而明细分类账则以红字记入“生产成本”账户借方的原材料项目，以其净发生额来反映原材料费用支出。这时，在总分类账及其所属的明细分类账中，就不可能按相同的记账方向(指借贷方向)进行登记，但其体现的变动方向是一致的，都表示冲减领用材料费用数额。

2. 期间一致

对于每一项经济业务，应根据审核无误后的同一凭证，在同一期间内，一方面记入有关的总分类账户，另一方面记入该总分类账所属的有关各明细分类账户。

注意：这里所指的同期是指在同一会计期间，而并非同一时间点。因为明细分类账一般根据记账凭证或原始凭证于平时逐笔登记，而总分类账因会计核算形式不同，可能在平时会逐笔登记，但通常是定期汇总登记，且必须在同一会计期间内完成。

3. 金额相等

总分类账户提供总括指标，明细分类账户提供总分类账户所反映内容的详细指标。所以，记入总分类账的金额与记入其所属各明细分类账的金额相等。但这种金额相等只表明其数量相等，而不一定都是借方发生额和贷方发生额相等的关系。如“生产成本”账户的明细账采用多栏式时，本月既有领用材料，也有退料的情况下，退料金额在“生产成本”总分类账户登记在贷方，而明细分类账则用红字登记在借方。总分类账与明细分类账借贷方发生额就不一致，但体现原材料费用支出的实际数额是相等的。

小贴士

总分类账户与其所属的明细分类账户按平行登记规则进行登记，要点一般可以概括为：方向相同，期间一致，金额相等。

在会计核算工作中，可以利用上述关系检查账簿记录的正确性。检查时，可根据总分类账与明细分类账之间的数量关系，编制明细分类账的本期发生额和余额明细表，并同其相应的总分类账户本期发生额和余额相互核对，检查总分类账与其所属明细分类账记录，以便发现错账并及时更正，保证账簿记录准确无误。

任务四　对　　账

一、对账的含义

对账，就是核对账目，是对账簿记录所进行的核对工作。对账是将会计账簿记录的库存实物、货币资金、有价证券等相关资料和情况以及与往来单位或者个人等进行的相关核对。

在会计核算工作中，由于种种原因，有时难免会因各种差错造成账实不符的情况。对账就是为了保证账簿记录的真实性、完整性和准确性，在记账以后结账之前，定期或不定期地对有关数据进行检查、核对，以便为编制财务报表提供真实、可靠的数据资料的重要会计工作。

对账工作一般在月末(即在记账之后结账之前)进行。一些特殊账户，如库存现金日记账，一般应在平时进行对账。若遇到特殊情况，比如有关人员因工作调动而办理移交手续之前，或者发生非常事件后，也应随时进行对账。

二、对账的方法

对账一般可以分为账证核对、账账核对和账实核对。

1. 账证核对

会计账簿是根据经过审核之后的会计凭证登记的，但实际工作中仍有可能发生账证不符的情况。账证核对是指将会计账簿记录与会计凭证核对，即核对账簿记录与原始凭证及记账凭证的时间、凭证字号、内容、金额等是否一致，记账方向是否相符，以保证账证相符。这种核对主要在日常填制凭证和记账过程中进行。

账证核对的主要内容包括：

(1) 核对日记账与收付款凭证；

(2) 核对明细账与记账凭证及所附原始凭证；

(3) 核对总账与记账凭证。

注意：账证核对是保证账账相符和账实相符的基础。会计期末，如果发现账账不符，可以将账簿记录与有关会计凭证进行再次核对，以保证账证相符。

2. 账账核对

账账核对是指核对各种账簿之间的有关数据，以保证账账相符。

账账核对的内容主要包括：

(1) 总分类账簿之间的核对；

(2) 总分类账簿与所属明细分类账簿之间的核对；

(3) 总分类账簿与序时账簿之间的核对；

(4) 明细分类账簿之间的核对。

3. 账实核对

账实核对是指各项财产物资、债权债务等账面余额与实有数额之间的核对，以保证账实相符。

账实核对的内容主要包括：

(1) 逐日核对库存现金日记账账面余额与库存现金实际库存数是否相符；

(2) 定期核对银行存款日记账账面余额与银行对账单的余额是否相符；

(3) 定期核对各项财产物资明细账账面余额与财产物资的实有数额是否相符；

(4) 核对有关债权债务明细账账面余额与对方单位的账面记录是否相符等。

任务五 更正错账

错账更正方法

一、错账的含义

错账往往是过账和结算账户时发生的错误，如漏记账、记重账、记反账、记账串户、记错金额等。账簿记录发生错误时，不准涂改、挖补、刮擦或用药水消除字迹，应按一定的方法进行更正。

二、错账的查找方法

（一）差数法

差数法是指按照错账的差数查找错账的方法。当某项经济业务只登记了会计分录的借方或贷方，借贷方的差额即为错账的差数。例如，在记账过程中只登记了经济业务的借方或贷方，漏记了另一方，从而造成试算平衡中借方合计数与贷方合计数不相等。如果借方金额遗漏，就会使该金额在贷方超出；如果贷方金额遗漏，则会使该金额在借方超出。例如，在某项经济业务的会计分录中，借方应收款 2 000 元已经登记入账，而贷方银行存款 2 000 元未登记入账，则该期间借方合计数大于贷方合计数 2 000，应查找有无 2 000 元贷方金额漏记。

（二）尾数法

尾数法是指对于发生的差错只查找末尾数，以提高查错效率的方法。这种方法适合于借贷方金额其他位数都一致，而只有末尾数出现差错的情况。

（三）除 2 法

除 2 法是指以差数除以 2 来查找错账的方法。当某个借方金额错记入贷方（或相反）时，出现错账的差数表现为误记金额的 2 倍，将此差数用 2 去除，得出的商即是反向的金额。例如，应记入“其他应收款”科目借方的 2 000 元误记入贷方，则该期间借方合计数小于贷方合计数 4 000，除以 2 的商 2 000 即为借贷方向相反的金额，应查找有无 2 000 借方金额误记入贷方。

（四）除 9 法

除 9 法是指以差数除以 9 来查找错账的方法，适用于以下三种情况：

(1) 将数字写小。

以差数除以 9 得出的商即为写错的数字，商乘以 10 即为正确的数字。例如，将 100 写成 10，差数是错误数字的 9 倍。差数 90 除以 9，商 10 即为错数，扩大十倍后即可得出正确的数字 100。

(2) 将数字写大。

以差数除以 9 得出的商为正确的数字，商乘以 10 后所得的积为错误数字。例如，将 20 写成 200，差数是正确数字的 9 倍。差数 180 除以 9 以后，所得的商 20 为正确数字，20 乘以 10(即 200) 为错误数字。

(3) 邻数颠倒。

差数除以 9，得出的商连续加 11，直到找出颠倒的数字为止。例如，若将 7 714 元误记为 7 174 元，其差数 = 7 714 − 7 174 = 540 元，将 540 除以 9 等于 60，这表明数字颠倒发生在十位与百位之间。将商数 60 加上 11 等于 71，继续连续加 11 得出 82、93，则可以判断错账的内容为将百位与个位的数字 71 或 82 或 93，颠倒为 17 或者 28 或者 39，那么依次查找百位与个位为 17、28、39 的记录，并与相关会计凭证核对，就能查出错账并加以纠正。

三、错账的更正方法

（一）划线更正法

划线更正法是指在结账之前，如果发现记账凭证填制无误，而账簿记录有文字或数字错误时采用的更正方法。

更正的方法如下：

(1) 在错误的文字或数字上以红笔画一条横线注销，但必须使原有字迹仍可辨认，以备考查。

(2) 在划线上方用蓝笔写上正确的文字或数字。

(3) 由更正人 (会计人员) 和会计机构负责人 (会计主管人员) 在更正处盖章以明确责任。

注意：对于错误的数字，应当全部划线更正，不得只更正其中错误的数字。例如，把“200”误写成“260”，应当将错误数字“260”全部用红线注销并写上正确的数字“200”，而不能只划线更正一个“0”字。对于文字错误，则可只划去错误部分，不必将与错字相关联的其他文字划去。例如，把“预收账款”误写成“预付账款”时，仅划去“付”字并更正为“收”字即可。

（二）红字更正法

红字更正法，是指记账后在当年内发现记账凭证所记的会计科目错误，或者会计科目无误而所记金额大于应记金额，从而引起记账错误时采用的更正方法。红字更正法适用于以下两种情形：

(1) 记账以后，发现记账凭证中的应借、应贷会计科目有错误并引起了记账错误，或者科目名称及金额均有错误，根据错误的记账凭证已经登记入账，造成账簿记录错误。

更正的方法如下：

① 用红字金额填制一份与原错误记账凭证会计科目、记账方向和金额相同的记账凭证，摘要栏内注明“冲销 × 月 × 日 × 号凭证”，并据以用红字登记账簿，从而冲销原来的错误记录；

② 用蓝字重新填制一份正确的记账凭证，摘要栏内注明“补记 × 月 × 日 × 号”，并据以用蓝字登记账簿，账簿记录即调整为正确金额。

(2) 如果财务人员记账以后，发现记账凭证和账簿记录中应借、应贷会计科目无误，只是所记金额大于应记金额，且已根据错误的记账凭证登记入账，造成账簿记录错误。

更正的方法为：将多记的金额 (即正确数与错误数之间的差额) 用红字填写一张与原错误凭证记账方向、应借应贷会计科目相同的记账凭证，在摘要栏内注明“冲销月 × 日 × 号记账凭证多记金额”，并用红字登记账簿，冲销多记金额，将账簿记录调整为正确金额。

（三）补充登记法

补充更正法是指记账以后，如果发现记账凭证中填写的应借、应贷会计科目并无错误，只是所记金额小于应记金额，且已根据错误的记账凭证登记入账，造成账簿记录错误时采用的更正方法。

更正的方法为：将少记的金额 (即正确数与错误数之间的差额) 用蓝字填写一张与原记账凭证记账方向、应借应贷会计科目相同的记账凭证，在摘要栏内注明“补记 × 月 × 日 × 号记账凭证少记金额”，并用蓝字登记账簿，补记少记金额，将账簿记录调整为正确金额。

小贴士

错账更正的三种方法中，红字更正法和补充登记法都是用来更正因记账凭证错误而产生的记账错误的，如果非因记账凭证的差错而产生的记账错误，只能用划线更正法更正。

任务六　结　　账

结转业务

一、结账的含义

结账是指在本期内所发生的经济业务全部登记入账的基础上，于会计期末按照规定的方法结算账目，包括结出本期发生额和期末余额。

结账是一项将账簿记录定期结算清楚的账务工作。在一定时期结束时 (如月末、季末或年末)，为了编制财务报表，需要进行结账，具体包括月结、季结和年结。

结账的内容主要包括两方面：① 结清各种损益类账户，并据以计算确定本期利润；② 结出各资产、负债和所有者权益类账户的本期发生额合计和期末余额。

二、结账的程序

(1) 结账前，将本期发生的经济业务全部登记入账，并保证其正确性。若发现漏记、错记，应及时补记、更正。不能把本期发生的经济业务延至下期入账，更不得先编制财务报表后再结账。

(2) 在本期经济业务全部登记入账的基础上，根据权责发生制的要求，调整有关账项，合理确定应计入本期的收入和费用。调整期末账项的内容主要包括：

① 调整应计收入。调整应计收入是指本期已发生而且符合收入确认条件，应归属本期的收入，但因尚未收到款项而未入账的产品销售收入或者劳务收入，应计入本期收入。

② 调整应计费用是指本期已发生应归属本期的费用，但因未实际支付款项而未入账的成本、费用，应计入本期费用，如应计银行短期借款利息等。

③ 调整分摊收入是指前期已经收到款项，但由于尚未提供产品或劳务，因而在当时没有确认为收入入账的预收款项，本期按照提供产品或者劳务的情况进行分摊确认为本期收入。

④ 调整分摊费用是指原来预付的各项费用应确认为本期费用，如各种待摊性质的费用。

⑤ 调整其他期末账项，如计提固定资产折旧、结转完工产品成本和已售产品成本等。

(3) 将各损益类账户余额全部转入“本年利润”账户，结平所有损益类账户。

(4) 结出资产、负债和所有者权益类账户的本期发生额和余额，并转入下期。

注意：完成上述工作后，就可以根据总分类账和明细分类账的本期发生额和期末余额，分别进行试算平衡。

三、结账的方法

结账方法的要点主要有：

(1) 对不需按月结计本期发生额的账户，每次记账以后，都要随时结出余额。这类账户每月最后一笔余额是月末余额，即本月最后一笔经济业务记录的同一行内余额。月末结账时，只需要在最后一笔经济业务记录之下通栏画单红线，不需要再次结计余额。

注意：划线的目的是突出有关数字，表示本期的会计记录已经截止或者结束，并将本期与下期的记录明显分开。

(2) 库存现金日记账、银行存款日记账和需要按月结计发生额的收入、费用等明细账，在每月结账时，要在最后一笔经济业务记录下面通栏画单红线，结出本月发生额和余额后，在摘要栏内注明“本月合计”字样，并在下面通栏画单红线。

(3) 对于需要结计本年累计发生额的明细账户，在每月结账时，应在“本月合计”行下结出自年初起至本月末止的累计发生额，并登记在月份发生额下面，还需在摘要栏内注明“本年累计”字样，并在下面通栏画单红线。12 月月末的“本年累计”就是全年累计发生额，全年累计发生额下通栏画双红线。

(4) 总账账户平时只需结出月末余额。年终结账时，为了简括地反映全年各项资金运转情况的全貌，核对账目时，要将所有总账账户结出全年发生额和年末余额，并在摘要栏内注明“本年合计”字样，并在合计数下通栏画双红线。

(5) 年终结账时，有余额的账户应将其余额结转下年，并在摘要栏注明“结转下年”字样；在下一会计年度新建有关账户的第一行余额栏内填写上年结转的余额，并在摘要栏注明“上年结转”字样，使年末的余额如实地在账户中反映，以免混淆有余额的账户和无余额的账户。

任务七 会计账簿的更换与保管

一、会计账簿的更换

会计账簿的更换，是指在会计年度终了时，将上一年度的旧账簿更换为新账簿。会计账簿的更换通常在新会计年度建账时进行。

(1) 总账、日记账和多数明细账应每年更换一次。年初，将旧账簿中的各账户余额直接记入新账簿中有关账户新账页的第一行“余额”栏内；同时，在“摘要”栏内加盖“上年结转”戳记，将旧账页最后一行数字下的空格画一条斜红线以表示注销，在旧账页最后一行“摘要”栏内注明“结转下年”字样。在新旧账户之间转记余额不需填制凭证。

(2) 部分明细账可跨年度使用，不必每年更换新账。但须在“摘要”栏内注明“转结下年”字样，以划分新旧年度之间的记录。如固定资产明细账，因年度内变动不多，年初可不必更换账簿；又如材料明细账和债权债务明细账，由于材料品种、规格和往来单位较多，更换新账重抄一遍工作量较大，也不必每年更换新账。

(3) 备查账簿，可连续使用。

小贴士

为了保证账簿记录的合法性和完整性并明确责任，每本新账簿在启用时应在账簿扉页填写好“账簿启用表”。为了使每个会计年度的账簿资料明晰和便于保管，在新年度开始时，除固定资产明细账等少数账簿因变动不大可跨年度使用而不必办理更换新账外，其余账簿如总账、日记账和多数明细账一般都应结束旧账，启用新账。会计账簿的更换通常在新会计年度建账时进行。

二、会计账簿的保管

会计账簿的保管，主要包括日常保管和归档保管两部分。

（一）日常保管

会计账簿的日常保管主要包括：① 各种会计账簿要分工明确，并指定专人保管，一般是谁负责登记，谁就负责保管；② 会计账簿未经本单位领导或会计部门负责人允许，非经管人员不得翻阅查看会计账簿；③ 会计账簿除需要与外单位核对账目外，一律不准携带外出，对需要携带外出的账簿，必须经本单位领导和会计部门负责人批准，并指定专人负责，不准交给其他人员保管，以保证账簿安全和防止任意涂改账簿等现象的发生。

（二）归档保管

年度终了，各种账户在结转下年、建立新账后，一般应将旧账集中统一管理，会计账簿暂由本单位财务会计部门保管一年，期满后，由本单位财务会计部门编造清册移交本单位的档案部门保管。

各种账簿应按年度分类归档，编造目录，妥善保管。既要保证在需要时迅速查阅，又要保证各种账簿的安全和完整。保管期满后，还要经规定的审批程序批准后才能销毁。

【课后思考】

简答题

1. 会计账簿与账户之间的关系？
2. 企业至少需要购置哪几本账簿？
3. 会计账簿的登记依据是什么？登账主要登记账户的哪个金额？
4. 当账实不一致时，应该以实有数为主还是以账面数为主？
5. 会计如何发现错账？如何避免出现错账？
6. 结账的作用是什么？何时进行结账？
7. 企业一般在何时更换账簿？哪些账簿是必须每年要更换的？

项目三　财产清查

学习目标

(1) 重点理解各种财产物资、货币资金及往来款项的清查方法。

(2) 掌握银行存款余额调节表的编制方法。

(3) 掌握财产清查结果的处理方法。

导入案例

公司会计员小张在年末时已将有关的经济业务登记入账，计算余额，并将总分类账与有关明细分类账的余额进行核对，保证了账簿记录完整，做到账证相符、账账相符，账实相符。但在清查过程中，发现商品仓库里的A产品实有数为900件，而小张的商品明细账记录中却有902件。经调查是因为保管员多发货造成的账实不符。面对这种情况，你认为应该如何按规定程序进行账务处理？

任务一　财产清查工作的认知

一、财产清查的含义与作用

（一）财产清查的含义

财产清查是通过对现金、原材料、固定资产等财产物资的实地盘点和对银行存款、应收、应付等往来款项的核对查询来确定其在一定时日的实际结存数与账面结存数是否相符的一种专门的会计核算方法。

（二）财产清查的作用

财产清查工作是加强企业管理、充分发挥会计监督作用的重要手段，其作用表现在以下三个方面。

1. 确保会计核算资料的真实可靠

通过财产清查可以查明各项财产物资的实存数额与账存数额是否相符，在发生差异时，及时调整账面记录，以达到账实相符。在此基础上，编制会计报表，使会计资料具有真实性。

2. 保护财产物资的安全完整

通过财产清查可以及时查明各项财产物资是否完好无缺，有无毁损、短缺、变质等情况的发生，各项物资保管是否妥善安全等，以便及时发现问题，研究改进措施，消除不安全因素，保护财产物资完好无损。

3. 提高财产物资的使用效率

通过财产清查，可以摸清家底，在掌握各项财产物资实有数的同时，查明其使用情况，以便采取措施，及时处理超储积压物资和未使用财产，减少损失浪费，节约使用资金，充分挖掘现有财产物资的潜力，促进财产物资的有效使用。

二、财产清查的工作程序

财产清查是一项工作量大、细致复杂的工作，因此要有计划、有组织、有步骤地进行。财产清查的工作流程如图 3-3-1 所示。

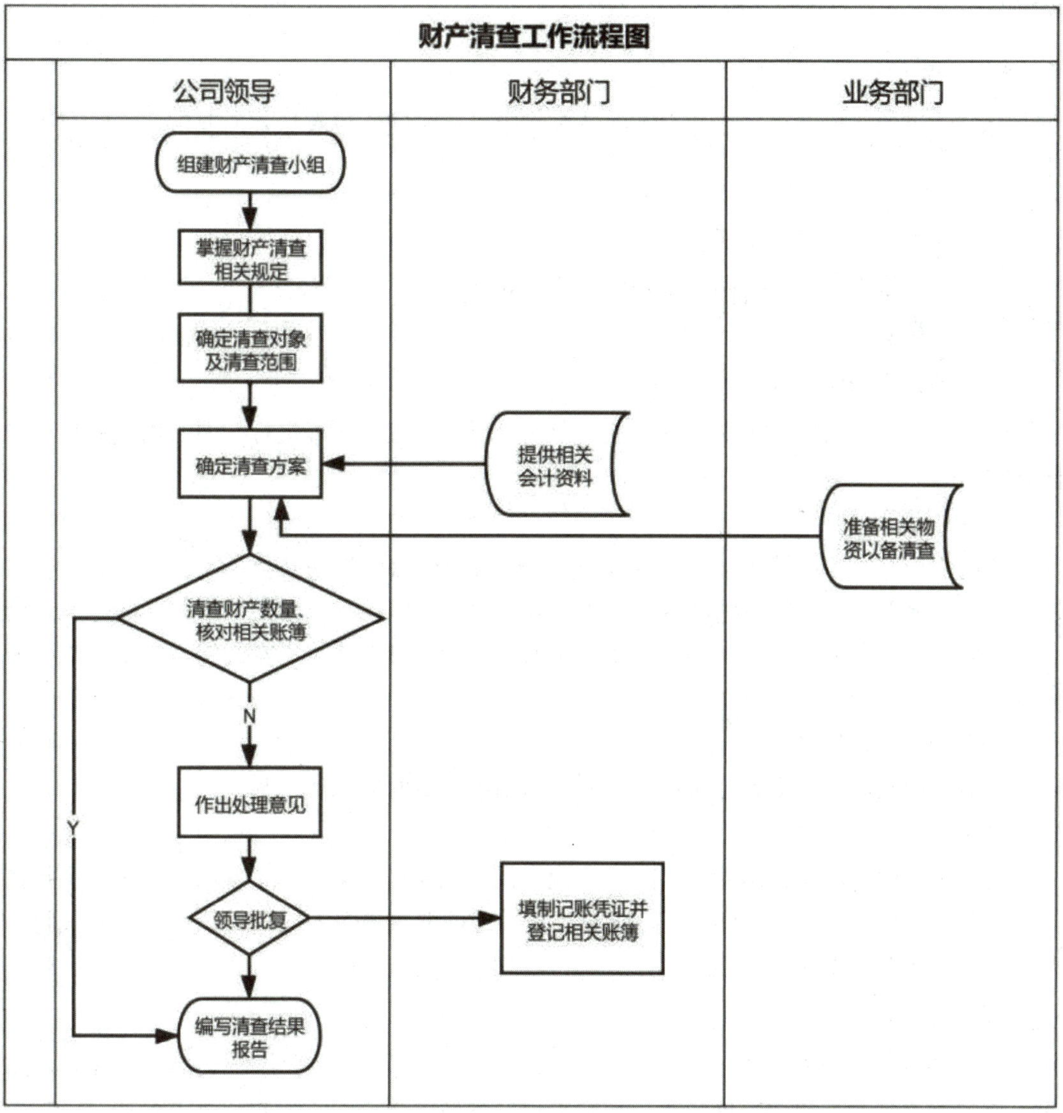

图 3-3-1　财产清查工作流程图

(1) 做好组织准备。建立由单位领导、财务、业务、仓储等相关部门人员组成的财产清查领导小组，负责财产清查的领导和组织工作。

(2) 财产清查小组组织清查人员学习有关政策规定，掌握有关法律法规和相关业务知识，以提高财产清查工作的质量。

(3) 财产清查小组确定清查对象、清查范围，明确清查任务。

(4) 制订清查方案，具体安排清查内容、时间、步骤、方法，配备清查人员，并明确清查人员的分工和职责。

(5) 清查人员清查财产数量，核对有关账簿记录，并对清查对象进行质量认定。

(6) 根据清查实际数量填制盘点表。

(7) 根据盘点表填制实物、往来账项清查结果报告表，清查领导小组在清查结束后，根据清查结果报告，提出清查结果的处理意见，形成书面文件，并将清查结果上报有关部门。

三、财产清查的种类

财产清查的对象和范围往往视不同情况而定，在时间上也有特殊的要求，一般有以下几种分类：

（一）按清查对象的范围分类

按清查对象和范围的不同，分为全面清查和局部清查。

1. 全面清查

1) 全面清查的概念

全面清查是指对单位的实物资产、货币资产以及债权债务等进行全面、彻底的盘点和核对。

2) 全面清查的内容

原则上讲，全面清查的范围包括资产、负债和所有者权益的所有项目。例如，现金、银行存款等货币资金；各种机器设备、房屋等固定资产；各种原材料、库存商品等流动资产；各种应收、应付、预收、预付等往来款项；各种实收资本、资本公积、盈余公积等所有者权益项目。

3) 全面清查的特点

全面清查具有内容多、范围广、投入人力多、耗费时间长等特点。

4) 全面清查的情况

由于全面清查涉及的范围广，清查对象繁多，工作量大，所以通常在以下情况下进行：年终决算财务报表之前；单位撤销、破产、合并或改变隶属关系时；单位更换主要负责人时；单位改制等需要进行资产评估时。

2. 局部清查

1) 局部清查的概念

局部清查是对单位流动性较强、易发生损耗及较贵重的资产进行的盘点与核对。

2) 局部清查的内容

局部清查的内容包括现金、银行存款、债权、债务、贵重财产物资、原材料、库存商品等流动性较大或易发生溢余、短缺的财产物资等。

3) 局部清查的特点

局部清查具有内容少、范围小、人力与时间的耗费少、专业性强等特点。

4) 局部清查的情况

局部清查通常在以下情况进行：库存现金于每日业务终了时进行的实地盘点；单位的银行存款至少每月与银行核对一次；企业与有关单位之间形成的债权和债务在年度内至少核对一至二次；原材料、在产品和库存商品等流动性较大或易发生溢余、短缺的财产物资每月应有计划地重点抽查；对贵重的财产物资每月至少清查盘点一次；经管人员经管的财产物资办理交接时。

（二）按清查时间分类

按清查的时间不同，分为定期清查和不定期清查。

1. 定期清查

1) 定期清查的概念

定期清查是按预先确定的时间对单位的全部或部分财产物资进行的清查。

2) 定期清查的时间

定期清查通常是在月末、季末、半年末、年末结账时进行。

3) 定期清查的特点

定期清查的对象和范围不定，可以是全面清查，也可以是局部清查，目的是及时发现账实不符，调整错误，保证财务报表的真实完整。

2. 不定期清查

1) 不定期清除的概念

不定期清查是指事先未规定清查时间，根据某种特殊需要进行的临时性清查。

2) 不定期清查的特点

不定期清查可以是全面清查，也可以是局部清查。

3) 不定期清查的情况

不定期清查通常在以下情况进行：财产物资的经管人员（出纳员、仓库保管员）发生变动时；实物资产遭受自然灾害影响；发生贪污、盗窃等违法乱纪行为时；单位兼并、破产、改制及改变隶属关系时；上级或国家有关部门，如财政、审计、税务等部门进行会计检查时；清产核资工作时。

任务二　货币资金的清查

货币资金的清查

一、库存现金的清查

（一）库存现金的清查方法

现金的清查采用实地盘点法。在清查当日，通过盘点确定现金的库存数额，并与现金日记账当天的账面结存余额相核对，以查明盈亏情况。

小贴士

由于库存现金是以货币实物形式储存在公司或企业的，是公司的重要资产，所以在每个工作日结束时，都需要清点一遍，以降低资产减值风险。

（二）库存现金的清查步骤

(1) 盘点前，出纳人员先将现金的收付款凭证全部登记入账，结出现金余额并填列在“现金盘点报告表”的“账存金额”栏内。

(2) 盘点时，要求清查人员和出纳人员均在场，清点现金实存数。

(3) 盘点完毕后，将盘点结果填列在“现金盘点报告表”的“实存金额”栏内。

(4) 将实存金额与账存金额相核对，确定盈亏，并对差异进行分析和调整。

现金盘点报告表的一般格式如表 3-3-1 所示。它是现金清查中的重要原始凭证，同时兼具“盘存单”和“实存账存对比表”的作用。

表 3-3-1　现金盘点报告表

单位名称：　　　　　　　　　　　　　　　　　　　　年　月　日

实存金额	账存金额	对比结果		备注
		盘盈	盘亏	

盘点人（签章）：　　　　　　　　　　出纳员（签章）：

（三）库存现金清查结果的账务处理

1. 库存现金盘盈的账务处理

(1) 在清查中，发生库存现金溢余，按溢余实际金额借记“库存现金”账户，贷记“待处理财产损溢——待处理流动资产损溢”账户。

(2) 待批准后，无法查明原因的，转入“营业外收入”账户。

【例 3-1】 朝阳公司在财产清查中，发现现金溢余 800 元，无法查明原因。

报经批准前，根据盘点表确定的现金盘盈数，编制会计分录如下：

借：库存现金　　　　　　　　　　　　　　　　800

　　贷：待处理财产损溢——待处理流动资产损溢　　　　800

报经批准后，根据批准处理意见，转销现金，编制会计分录如下：

借：待处理财产损溢——待处理流动资产损溢　　　800

　　贷：营业外收入　　　　　　　　　　　　　　　　800

2. 库存现金盘亏的账务处理

(1) 在清查中发生库存现金短缺，按实际短缺金额借记“待处理财产损溢——待处理流动资产损溢”账户，贷记“库存现金”账户。

(2) 待查明原因后，如有过失人负责赔偿的，借记“其他应收款”账户，贷记“待处理财产损溢——待处理流动资产损溢”账户。

(3) 若无法查明原因，则损失计入管理费用，借记“管理费用”账户，贷记“待处理财产损溢——待处理流动资产损溢”账户。

【例 3-2】 朝阳公司在财产清查中，盘亏现金 600 元，应由出纳员赔偿。

报经批准前，编制会计分录如下：

借：待处理财产损溢——待处理流动资产损溢　　600

　　贷：库存现金　　600

报经批准后，根据批准处理意见，编制会计分录如下：

借：其他应收款——出纳员　　600

　　贷：待处理财产损溢——待处理流动资产损溢　　600

如盘亏的库存现金无法查明原因，应编制会计分录如下：

借：管理费用　　600

　　贷：待处理财产损溢——待处理流动资产损溢　　600

二、银行存款的清查

（一）银行存款的清查方法

银行存款的清查主要采用账项核对的方法。企业将银行存款日记账与开户银行转来的“银行对账单”逐笔进行核对，以查明账实是否相符。

对账单是开户银行用来记录企业一定时期内存款的增减和结存情况的复写账页。

小贴士

及时对银行账项进行核对，有利于加强企业对货币资金的管理。

（二）银行存款的清查步骤

(1) 在核对账目前，先详细检查本单位银行存款日记账记录的准确性与完整性。

(2) 在与银行送来的对账单逐笔核对时，不仅要核对金额，还要核对收付款内容和结算凭证的种类及其编号。

(3) 确定溢缺，对核对结果进行分析和调整。

（三）银行存款清查结果的处理

1. 日记账与对账单不一致的原因

在清查银行存款中，往往会出现企业的银行存款日记账的账面余额和银行对账单上的余额不符的情况。

究其原因主要有两种：一是由于一方或双方记账错误引起的，如错记、漏记等；二是由于单位和银行入账时间不同所致的未达账项引起的。

所谓未达账项，是指企业与银行之间对于同一项经济业务，因结算凭证传递时间的差别而发生的一方已取得结算凭证并登记入账，另一方因尚未取得结算凭证而未入账的款项。

未达账项有以下四种情形：

(1) 企业已记收款而银行尚未记收款的账项；

(2) 企业已记付款而银行尚未记付款的账项；

(3) 银行已记收款而企业尚未记收款的账项；

(4) 银行已记付款而企业尚未记付款的账项。

2. 银行存款余额调节表的编制

对于银行存款清查中出现的企业银行存款日记账的账面余额和银行对账单上的存款余额不相符的不同原因进行不同的处理。

若为记账错误引起的，属于银行的责任，应督促银行更正；属于企业的责任，应查明原因，采用一定的方法予以更正；若是由于未达账项引起的，应采用余额调节法，即编制银行存款余额调节表，以查明银行存款余额的真实数字，掌握企业可动用的银行存款实际数额。

银行存款余额调节表的编制方法是以企业、银行双方调整的账面余额为基础，各自加(或减)对方已入账而本方尚未入账的未达账项，计算出各自调整后的余额。其编制时的计算公式为

企业银行存款日记账余额 + 银行已收企业未收数额 − 银行已付企业未付数额 = 银行对账单余额 + 企业已收银行未收数额 − 企业已付银行未付数额

【例 3-3】 某企业 2022 年 12 月 31 日银行存款日记账余额为 83 000 元，开户银行转来的银行对账单余额为 79 000 元，经逐笔核对，发现有以下未达账项：

(1) 企业送存银行转账支票一张，金额 12 000 元，银行尚未入账。

(2) 企业托收的销货款 9 000 元，银行已收妥入账，企业尚未收到收款通知单。

(3) 企业开出一张金额为 3 000 元的转账支票支付广告费用，银行尚未收到该转账支票。

(4) 银行代付水电费 4 000 元已登记入账，企业未接到付款通知单。

根据上述未达账项，编制银行存款余额调节表如表 3-3-2 所示。

表 3-3-2 银行存款余额调节表

2022 年 12 月 31 日

项 目	金额	项 目	金额
企业银行存款日记账账面余额	83 000	银行对账单的存款余额	79 000
加：银行已收，企业尚未入账的销货款	9 000	加：企业已收，银行尚未入账的转账支票	12 000
减：银行已代付，企业尚未入账的水电费	4 000	减：企业已付，银行尚未入账的转账支票	3 000
调节后的存款余额	88 000	调节后的存款余额	88 000

计算过程为：83 000 + 9 000 − 4 000 = 79 000 + 12 000 − 3 000 = 88 000 元。

注意：银行存款余额调节表中，调节后的存款余额与原来的银行存款余额之间的差异，在会计上不作处理。即企业的“银行存款”账户和银行存款日记账仍保持原来的账面余额，该表只起到对账的作用，并不能作为编制凭证和调整账簿记录的依据。对于其中所涉及的未达账项，必须在收到有关结算凭证后方可按正常程序做会计处理。若双方调整后的余额相等，一般表明双方记账正确，反之是说明某一方或双方记账有误，应进一步逐笔核对。同时，对多次对账后仍未到达的未达账项应进一步查明原因。

任务三　往来款项的清查

一、往来款项的清查方法

企业的往来款项主要包括应收、应付款和暂收、暂付款等，其采用的清查方法一般是通过函询与债权、债务单位核对账目。

思考：往来款项与货币资金的清查方法有何不同？

二、往来款项清查工作的程序

(1) 企业将截至清查日时的有关结算凭证全部登记入账，确保往来账款的总分类账与明细分类账的余额相等。

(2) 在确保应收、应付款余额正确的基础上，编制一式二联的对账单，送交对方企业进行核对。

(3) 对方企业核对后，应将核对结果在对账单上注明，并将其中的一联作为回单加盖公章后退回清查企业，另一联留存。

(4) 在收到回单后，应填制“往来款项清查表”，并及时催收账款，积极处理呆账悬案。“往来款项清查表”的格式如表 3-3-3 所示。

表 3-3-3　往来款项清查表

总分类账户名称：　　　　　　　　　　　　　　　　　　　　　年　月　日

明细分类账户		清查结果		核对不符原因分析			备注
名称	账面余额	核对相符金额	核对不符金额	未达账项金额	有争议款项金额	其他	

核对时，应注意有无未达账项，如有未达账项，双方应查明有无有争议的款项及无法收回的款项，以便及时采取措施，防止和减少坏账损失。

任务四　实物资产的清查

实物资产的清查

一、实物资产的内容

实物资产主要包括固定资产、存货等。实物资产的清查就是对实物资产进行数量方面的清点。一般情况下，可以按照所要盘点实物资产的外观特点，选择便于清点的方法，如按照物品的重量、形态、体积等。对于包装完整的商品或其他资产，可按大件清点，必要时，可抽查拆包细点；对于不便计量的物品，也可采用技术推算的方法，以确定实物资产的数量。

二、实物资产的清查方法

（一）实地盘点法

实地盘点法是指通过点数、过磅、量尺等方式，确定财产物资实有数量的盘点方法。该方法易于操作，大部分实物资产的盘点均采用此法。但这种方法的工作量较大，若事先将需要盘点的资产按照资产的类别进行科学且有规律的摆放，可在一定程度上减轻使用此类方法的工作量，提高清查的速度。

（二）技术推算法

技术推算法是指通过技术推算(如量方、计尺等)财产物资实有数量的盘点方法。对难以逐一清查的量大、笨重的实物采用此法。

三、实物资产的清查步骤如下：

(1) 盘点时，实物经管人员应与清查人员一起参与盘点，以明确经济责任。

(2) 盘点时，对各种实物的盘点结果认真核实后填制盘存单(如表 3-3-4 所示)，并由盘点人员和该实物的经管人员共同签字或盖章。盘存单是记录实物盘点结果的书面证明，也是反映实物的实存数，并据以进行账实核对的原始凭证。盘存单的一般格式如表 3-3-4 所示。为了简化编表工作，实际工作中通常只列示账实不符的物资。盘存单一般一式三份，一份由清查人员留存，一份交实物经管人员保存，另一份交财会部门核对。

(3) 盘点结束，财会部门应根据盘存单将各种实物的盘点结存数和会计账簿记录相核对，编制用以反映实物资产具体盈亏数额的账存实存对比表。

表 3-3-4　盘　存　单

财产类别：　　　　　　　　　　存放地点：　　　　　　　　　　编号：

编号	名称	计量单位	数量	单价	金额	备注

盘点人(签章)：　　　　　　　　　　实物经管人(签章)：

四、存货清查结果的账务处理

（一）存货盘盈的账务处理

(1) 企业盘盈的各种材料、库存商品等，先调整存货的账面记录，借记“原材料”“库存商品”等账户，贷记“待处理财产损溢”账户。

(2) 对盘盈的存货，报经批准后，冲减管理费用，借记“待处理财产损溢”账户，贷记“管理费用”账户。

【例 3-4】 朝阳公司在财产清查中，盘盈 A 材料一批，数量 500 千克，单价 10 元。

报经批准前，根据盘盈数，编制会计分录如下：

借：原材料——A 材料　　　　　　　　　　5 000

　　贷：待处理财产损溢——待处理流动资产损溢　　　　5 000

报经批准后，根据批准处理意见，编制会计分录如下：

借：待处理财产损溢——待处理流动资产损溢　　5 000

　　贷：管理费用　　5 000

（二）存货盘亏的账务处理

(1) 企业盘亏时的各种材料、库存商品等，应借记“待处理财产损溢”账户，贷记“原材料”“库存商品”等账户。

(2) 盘亏存货报经批准时，视具体情况处理：

① 将其残料价值、可以回收的保险赔偿和过失人赔偿，借记“原材料”“其他应收款”等账户。

② 剩余净损失中，属于非常损失部分的，列入营业外支出，存货进项税额也一并转出，借记“营业外支出”账户，贷记“待处理财产损溢”账户；属于一般经营损失部分的，借记“管理费用”账户，贷记“待处理财产损溢”账户。

【例 3-5】 朝阳公司在财产清查中，盘点时发现 A 材料亏损 3 000 元，属于自然损耗。

报经批准前，编制会计分录如下：

借：待处理财产损溢——待处理流动资产损溢　　3 000

　　贷：原材料——A 材料　　3 000

报经批准后，根据批准处理意见，编制会计分录如下：

借：管理费用　　3 000

　　贷：待处理财产损溢——待处理流动资产损溢　　3 000

【例 3-6】 朝阳公司因发生火灾进行财产清查，发现盘亏 B 材料 20 000 元，增值税税率为 13%，属于非常损失。

报经批准前，根据盘亏数，编制会计分录如下：

借：待处理财产损溢——待处理流动资产损溢　　22 600

　　贷：原材料——B 材料　　20 000

　　　　应交税费——应交增值税 (进项转出)　　2 600

报经批准后，根据批准处理意见，编制会计分录如下：

借：营业外支出　　22 600

　　贷：待处理财产损溢——待处理流动资产损溢　　22 600

【例 3-7】 朝阳公司财产在清查中发现 C 材料短缺 4 500 元，经查明原因，属于责任事故，由过失人赔偿。

报经批准前，根据盘亏数，编制会计分录如下：

借：待处理财产损溢——待处理流动资产损溢　　5 085

　　贷：原材料——C 材料　　4 500

　　　　应交税费——应交增值税 (进项转出)　　585

报经批准后，根据批准处理意见，编制会计分录如下：

借：其他应收款　　5 085

　　贷：待处理财产损溢——待处理流动资产损溢　　5 085

【课后思考】

简答题

1. 财产清查有哪些种类？
2. 怎样清查现金？清查结果如何处理？
3. 怎样清查银行存款？
4. 什么是未达账项？有哪些种类？
5. 简述存货的盘存制度及适用范围。

项目四　财务报表

学习目标

(1) 了解财务报表的概念与分类。

(2) 了解资产负债表、利润表的作用。

(3) 熟悉财务报表编制的基本要求、资产负债表的列示要求与编制方法、利润表的列示要求与编制方法。

导入案例

小王最近想做投资，他思来想去决定进入股票市场成为一名小股民。面对众多的股票，小王不知如何选择，资深股民老侯告诉他，想要了解一家公司的经营情况和财务状况，可以从他的财务报表入手，从财务报表中可以获得企业的基本信息，从而判断该企业的股票是否存在升值空间。小王听了老侯的话后，二话不说就去搜索他关注的企业的财务报表了。各位同学，企业的财务报表是否真的有如此大的作用和意义？

任务一　财务报表的认知

会计报表

一、财务报表的含义及作用

财务报表是对企业财务状况、经营成果和现金流量的结构性表述。

财务报表是财务报告的主要组成部分，它所提供的会计信息具有重要作用，主要体现在以下几个方面：

(1) 全面系统地揭示企业一定时期的财务状况、经营成果和现金流量，有利于经营管理人员了解本单位各项任务指标的完成情况，评价管理人员的经营业绩，以便及时发现问题，调整经营方向，制订措施改善经营管理水平，提高经济效益，为经济预测和决策提供依据。

(2) 有利于国家经济管理部门了解国民经济的运行状况。通过汇总和分析各单位提供的财务报表资料，了解和掌握各行业、各地区的经济发展情况，以便宏观调控经济运行，优化资源配置，保证国民经济稳定持续发展。

(3) 有利于投资者、债权人和其他有关各方掌握企业的财务状况、经营成果和现金流量情况，进而分析企业的盈利能力、偿债能力、投资收益、发展前景等，为他们投资、贷款和贸易提供决策依据。

(4) 有利于满足财政、税务、工商、审计等部门监督企业经营管理。通过财务报表可以检查、监督各企业是否遵守国家的各项法律、法规和制度，有无偷税漏税的行为。

二、财务报表的内容与分类

（一）财务报表的内容

《企业会计准则》规定，财务报表至少应当包括资产负债表，利润表、现金流量表、所有者权益(或股东权益)变动表以及附注，即“四表一注”。

注意：财务报表与财务会计报告并不是同一概念，财务会计报告包括财务报表和其他应当在财务报告中披露的相关信息和资料。

资产负债表属于静态报表，是反映企业在某一特定日期的财务状况的财务报表。

利润表属于动态报表，是反映企业在一定会计期间的经营成果的财务报表。

现金流量表是反映企业一定会计期间现金和现金等价物流入流出的年度财务报表，是一种动态报表。通过现金流量表，报表使用者可以了解现金流量的影响因素，评价企业的支付能力、偿债能力和周转能力，预测企业未来现金流量，为其决策提供有力依据。

所有者权益变动表是反映构成所有者权益各组成部分当期增减变动情况的财务报表，是一种动态报表。

附注是财务报表的重要组成部分，是对在资产负债表、利润表、现金流量表和所有者权益变动表等报表中列示项目的文字描述或明细资料，以及对未能在这些报表中列示项目的说明等。

小贴士

静态报表(反映某一特定日期)包括资产负债表；动态报表(反映一定会计期间)包括利润表、现金流量表和所有者权益变动表。“四表一注”五个财务报表组成部分具有同等的重要程度。

（二）财务报表的分类

1. 按编报期间不同分类

财务报表可以按其编报期间的不同分为中期财务报表和年度财务报表。财务报表分类详见表 3-4-1。

表 3-4-1　财务报表分类

	具体财务报表	编报期	备　注
财务报表	会企01号资产负债表	中期报表、年度报表	月报：月度终了后 6 天内； 季报：季度终了后 15 天内； 半年报：年度中期结束后 60 天内； 年报：年度终了后 4 个月内
	会企02号利润表	中期报表、年度报表	
	会企03号现金流量表	中期报表、年度报表	
	会企04号所有者权益变动表	年度报表	
	附注	年度报表、半年度报表	

中期财务报表是指以短于一个完整会计年度的报告期间为基础编制的财务报表，包括半年报、季报、月报等。

年度财务报表是指以一个完整的会计年度为基础编制的财务报表。

注意：小企业年度财务报表包括：资产负债表、利润表和附注。小企业可以不编制现金流量表。

2. 按编报主体不同分类

财务报表可以按其编报主体的不同分为个别财务报表和合并财务报表。

个别财务报表是指由企业在自身会计核算的基础上对账簿记录加工而编制的财务报表，主要用于反映自身会计信息的财务报表。

合并财务报表是指以母公司和子公司组成的企业集团为会计主体，根据母公司和子公司的财务报表，由母公司编制的综合反映企业集团会计信息的财务报表。

【例 3-8】下列关于财务报表的表述中，正确的是（　　）。

A. 财务报表是对企业财务状况、经营成果和现金流量的结构性表述

B. 财务会计报告就是财务报表

C. 附注是财务报表的重要组成部分

D. 财务报表分为年度、半年度、季度和月度财务报表

【答案】ACD

【解析】财务会计报告包括财务报表和其他应当在财务报告中披露的相关信息和资料。

三、财务报表编制前的准备工作

在编制财务报表前，需要完成下列工作：

(1) 严格审核会计账簿的记录和有关资料；

(2) 进行全面财产清查、核实债务，并按规定程序报批，进行相应的会计处理；

(3) 按规定的结账日进行结账，结算出有关会计账簿的余额和发生额，并核对各会计账簿之间的余额；

(4) 检查相关的会计核算是否按照国家统一的会计制度进行；

(5) 检查是否存在因会计差错、会计政策变更等需要调整前期或本期相关项目的情况等。

四、财务报表编制的基本要求

高质量的会计信息是保证会计决策有用性的基石。从诸多企业经营的历史来看，不遵守诚信原则的企业，虽然可能获得暂时的成功，但无法长期保持竞争力。所以，财务报表所揭示的会计信息应遵循会计准则和公认会计原则的基本要求。为了充分发挥会计信息的作用，确保信息质量，各会计主体单位必须按照一定的程序、方法和要求，编报合法、真实和公允的财务报表。

（一）以持续经营为基础编制

企业应当以持续经营为基础，根据实际发生的交易和事项，按照《企业会计准则——基本准则》和其他各项会计准则的规定对会计信息进行确认和计量后再编制财务报表。

注意：当以持续经营为基础编制的财务报表不再合理时，企业应当采用其他基础编制财务报表，并在附注中声明财务报表未以持续经营为基础编制的事实，披露未以持续经营

为基础编制的原因和财务报表的编制基础。

（二）按正确的会计基础编制

除现金流量表按照收付实现制原则编制外，企业应当按照权责发生制原则编制财务报表。

（三）按年度编制财务报表

企业至少应当按年度编制财务报表。年度财务报表涵盖的期间短于一年的，应当披露年度财务报表的涵盖期间、短于一年的原因以及报表数据不具可比性的事实。

（四）项目列报遵守重要性原则

重要性原则是指在合理预期下，财务报表中某项目的省略或错报会影响使用者据此作出经济决策的，该项目具有重要性。

重要性应当根据企业所处的具体环境，从项目的性质和金额两方面予以判断，且对各项目重要性的判断标准一经确定，不得随意变更。

《企业会计准则第30号——财务报表列报》规定在财务报表中单独列报的项目，应当单独列报。其他会计准则规定单独列报的项目，应当增加单独列报项目。如何判断项目的重要性，应注意以下事项：

(1) 判断项目性质的重要性，应当考虑该项目在性质上是否属于企业日常活动，是否显著影响企业的财务状况、经营成果和现金流量等因素；判断项目金额大小的重要性，应当考虑该项目金额占资产总额、负债总额、所有者权益总额、营业收入总额、营业成本总额、净利润、综合收益总额等直接相关项目金额的比重或所属报表单列项目金额的比重。

(2) 性质或功能不同的项目，应当在财务报表中单独列报，不具有重要性的项目除外；性质或功能类似的项目，其所属类别具有重要性的，应当按其类别在财务报表中单独列报。

(3) 某些项目的重要性程度不足以在资产负债表、利润表、现金流量表或所有者权益变动表中单独列示，但对附注却具有重要性，则应当在附注中单独披露。

注意：《企业会计准则第30号——财务报表列报》规定在财务报表中单独列报的项目，应当单独列报。其他会计准则规定单独列报的项目，应当增加单独列报项目。

（五）保持各个会计期间财务报表项目列报的一致性

财务报表项目的列报应当在各个会计期间保持一致，除会计准则要求改变财务报表项目的列报或企业经营业务的性质发生重大变化外，变更财务报表项目的列报能够提供更可靠、更相关的会计信息外，不得随意变更。

（六）各项目之间的金额不得相互抵销

财务报表中的资产项目和负债项目的金额、收入项目和费用项目的金额、直接计入当期利润的利得项目和损失项目的金额不得相互抵消，但其他会计准则另有规定的除外。

（七）应提供所有列报项目中一个可比会计期间的比较数据

当期财务报表的列报，至少应当提供所有列报项目中一个可比会计期间的比较数据，以及与理解当期财务报表相关的说明，但其他会计准则另有规定的除外。

财务报表的列报项目发生变更的，应当至少对可比期间的数据按照当期的列报要求进行调整，并在附注中披露调整的原因和性质，以及调整的各项目金额。对可比数据进行调整不切实可行的，应当在附注中披露不能调整的原因。

（八）应当在财务报表的显著位置披露编报企业的重要信息

企业应当在财务报表的显著位置（如表首）披露下列各项重要信息：

(1) 编报企业的名称；

(2) 资产负债表日或财务报表涵盖的会计期间；

(3) 人民币金额单位；

(4) 财务报表是合并财务报表的，应当予以标明。

【例 3-9】下列各项中，属于企业应当在财务报表的显著位置披露的有（　　）。

A. 人民币的金额单位

B. 编报企业的名称

C. 资产负债表或财务报表涵盖的会计期间

D. 财务报表是合并报表的，应当予以标明

【答案】ABCD

【解析】四个选项均属于企业应当在财务报表显著位置至少披露的内容。

思考：财务造假会对企业造成哪些影响？

任务二　资产负债表的编制

编制报表

一、资产负债表的含义及作用

资产负债表属于静态报表，它是反映企业在某一特定日期（如月末、季末、年末）的财务状况的财务报表。

资产负债表的作用主要有：

(1) 可以提供某一日期的资产总额及其结构，表明企业拥有或控制的资源及其分布情况；

(2) 可以提供某一日期的负债总额及其结构，表明企业未来需要用多少资产或劳务清偿债务以及清偿时间；

(3) 可以反映所有者所拥有的权益，据以判断资本保值、增值的情况以及对负债的保障程度。

拓展：资产负债表能帮助报表使用者评价企业短期偿债能力、长期偿债能力以及判断企业财务状况的发展趋势等。

【例 3-10】判断正误：资产负债表是反映企业在某一时期财务状况的财务报表。

【答案】错误。

【解析】资产负债表属于静态报表，它是反映企业在某一特定日期(如月末、季末、年末)的财务状况的财务报表。

二、资产负债表的内容

(一)资产负债表列报总体要求

1. 分类别列报

资产负债表应当按照资产、负债和所有者权益三大类别分类列报。

2. 资产和负债按流动性列报

资产和负债应当按照流动性分为流动资产和非流动资产、流动负债和非流动负债列示。

注意：流动性通常按资产的变现或耗用时间长短或者负债的偿还时间长短来确定。

3. 列报相关的合计、总计项目

资产负债表中的资产类项目至少应当列示流动资产和非流动资产的合计项目；负债类项目至少应当列示流动负债、非流动负债以及负债的合计项目；所有者权益类项目应当列示所有者权益的合计项目。

注意：资产负债表应当分别列示资产总计项目和负债与所有者权益之和的总计项目，并且这二者的金额应当相等。

(二)资产的列报

资产负债表中的资产类项目至少应当单独列示反映下列信息的项目。

(1) 流动资产，包括货币资金、交易性金融资产、应收票据、应收款项、预付款项、存货、合同资产、持有待售资产等；

(2) 非流动资产，包括债权投资、其他债权投资、长期应收款、长期股权投资、投资性房地产、固定资产、生物资产、无形资产、递延所得税资产等。

(三)负债的列报

资产负债表中的负债类项目至少应当单独列示反映下列信息的项目。

(1) 流动负债，包括短期借款、交易性金融负债、应付票据、应付账款、预收款项、合同负债、应付职工薪酬、应交税费、持有待售负债等；

(2) 非流动负债，包括长期借款、应付债券、长期应付款、预计负债、递延所得税负债等。

(四)所有者权益的列报

资产负债表中的所有者权益类项目至少应当单独列示反映下列信息的项目：实收资本(或股本)资本公积、盈余公积、未分配利润。

【例 3-11】资产负债表中，负债项目的顺序按(　　)排列。

A. 项目的重要性程度

B. 清偿债务的时间长短

C. 项目的支付性

D. 项目的金额大小

【答案】B。

【解析】资产负债表中资产、负债项目是按照流动性列报的。而流动性通常按资产的变现或耗用时间长短或负债的偿还时间长短来确定。因此，负债项目一般按照负债的偿还时间长短来确定。

三、资产负债表的格式

资产负债表的报表编号为“会企 01 表”。在我国，资产负债表采用账户式的格式，即左侧列示资产，反映全部资产的分布及存在的形态；右侧列示负债和所有者权益，反映全部负债和所有者权益的内容及构成情况。

资产负债表由表头和表体两部分组成。表头部分应列明报表名称、编表单位名称、资产负债表日和人民币金额单位；表体部分是资产负债表的主体和核心。表体部分反映资产、负债和所有者权益的内容，它一般有报告式资产负债表和账户式资产负债表两种格式。报告式资产负债表是上下结构，上半部列示资产，下半部列示负债和所有者权益，其具体排列形式有两种：一是按“资产 = 负债 + 所有者权益”的原理排列；二是按“资产 − 负债 = 所有者权益”的原理排列。账户式资产负债表是左右结构，左边列示资产，右边列示负债和所有者权益。不管采用什么格式，各资产项目的合计始终等于负债和所有者权益各项目的合计，这一等式是不变的。

在我国，资产负债表采用账户式，其左右双方平衡，即资产总计等于负债和所有者权益总计。资产负债表满足“资产 = 负债 + 所有者权益”的会计等式，可以反映资产、负债、所有者权益之间的内在关系。各项资产和负债类项目按照流动性可分为流动资产和非流动资产、流动负债和非流动负债列报。其中资产流动性按照资产的变现或耗用时间长短确定；负债流动性按照负债的偿还时间长短确定。所有者权益类项目按照稳定性排列可分为实收资本、资本公积、盈余公积和未分配利润列报。我国企业资产负债表的具体格式如表 3-4-2 所示。

表 3-4-2　资 产 负 债 表

会企 01 表　　　　年　月　日

编制单位：　　　　单位：元

资　产	期末余额	上年年末余额	负债和所有者权益（或股东权益）	期末余额	上年年末余额
流动资产：			流动负债：		
货币资金			短期借款		
交易性金融资产			交易性金融负债		
衍生金融资产			衍生金融负债		
应收票据			应付票据		
应收账款			应付账款		
应收款项融资			预收款项		
预付款项			合同负债		

续表

资产	期末余额	上年年末余额	负债和所有者权益（或股东权益）	期末余额	上年年末余额
其他应收款			应付职工薪酬		
存货			应交税费		
合同资产			其他应付款		
持有待售资产			持有待售负债		
一年内到期的非流动资产			一年内到期的非流动负债		
其他流动资产			其他流动负债		
流动资产合计			流动负债合计		
非流动资产：			非流动负债：		
债权投资			长期借款		
其他债权投资			应付债券		
长期应收款			其中：优先股		
长期股权投资			永续债		
其他权益工具投资			租赁负债		
其他非流动金融资产			长期应付款		
投资性房地产			预计负债		
固定资产			递延收益		
在建工程			递延所得税负债		
生产性生物资产			其他非流动负债		
油气资产			非流动负债合计：		
使用权资产			负债合计：		
无形资产			所有者权益（或股东权益）		
开发支出			实收资本（或股本）		
商誉			其他权益工具		
长期待摊费用			其中：优先股		
递延所得税资产			永续债		
其他非流动资产			资本公积		
非流动资产合计			减：库存股		
			其他综合收益		
			专项储备		
			盈余公积		
			未分配利润		
			所有者权益（或股东权益）合计		
资产合计			负债和所有者权益（或股东权益）总计		

法定代表人：　　主管会计工作的负责人：　　会计机构负责人：

四、资产负债表的编制方法

（一）资产负债表的编制单位

编制单位为公章上的全称，如中资有限责任公司。“中资公司”等简写形式为不正确。

（二）资产负债表的编制时间

编制日期以阿拉伯数字填写，格式为××××年××月××日，如2022年12月31日。

（三）资产负债表主要项目的填列

资产负债表各项目分为“期末余额”和“上年年末余额”两栏填列，以便于使用者通过比较不同时点资产负债表的数据，掌握企业财务状况的变动情况及发展趋势。

1.“上年年末余额”栏的填列方法

资产负债表的“上年年末余额”栏通常根据上年年末有关项目的期末余额填列，且与上年年末资产负债表“期末余额”栏一致。如果企业上年度资产负债表规定的项目名称和内容与本年度不一致，应当对上年年末资产负债表相关项目的名称和余额按照本年度的规定进行调整，填入“上年年末余额”栏。

2.“期末余额”栏的填列方法

资产负债表“期末余额”栏内各项数字，一般应根据资产、负债和所有者权益类账户的期末余额填列。下面介绍资产负债表各主要项目的内容和填列方法。

(1) 资产类主要项目的内容和“期末余额”栏的填列方法。

①“货币资金”项目反映企业在生产经营过程中处于货币形态的经营资金，包括现金、银行存款和其他货币资金，是企业资产中流动性较强的一种资产。本项目应根据“库存现金”“银行存款”“其他货币资金”三个总账账户期末余额的合计数填列。

【例3-12】 中达公司2022年12月31日结账后的“库存现金”账户余额为10 000元，“银行存款”账户余额为4 000 000元，“其他货币资金”账户余额为1 000 000元。

中达公司2022年12月31日资产负债表中的“货币资金”项目金额为

$$10\,000+4\,000\,000+1\,000\,000=5\,010\,000\text{ 元}$$

②“交易性金融资产”项目反映资产负债表日企业分类为以公允价值计量且其变动计入当期损益的金融资产的公允价值，本项目应根据“交易性金融资产”账户的期末余额分析填列。

【例3-13】 中达公司2022年12月31日结账后的“交易性金融资产”账户余额为10 000元。

中达公司2022年12月31日资产负债表中的“交易性金融资产”项目金额为10 000元。

③“应收票据”项目，反映企业收到的未到期收款、未向银行贴现的商业承兑汇票和银行承兑汇票等应收票据余额，减去已计提的坏账准备后的净额。已向银行贴现和已背书转让的应收票据不包括在本项目内。本项目应根据“应收票据”总账账户期末余额减去“坏

账准备”账户中有关应收票据计提的坏账准备期末余额后的金额填列。

④“应收账款”项目，反映企业因销售商品、提供服务等经营活动应收取的款项。本项目应根据“应收账款”和“预收账款”两个账户所属明细账户的期末借方余额合计，减去“坏账准备”账户中有关应收账款计提的坏账准备期末余额后的金额填列。如“应收账款”账户所属明细账户期末有贷方余额，应在“预收款项”项目内填列。用计算公式表示如下：

“应收账款”项目 = ∑“应收账款”账户所属各有关明细账户的期末借方余额 + ∑“预收账款”账户所属各有关明细账户的期末借方余额 −“坏账准备”账户中有关应收账款计提部分期末余额

【例 3-14】 中达公司 2022 年 12 月 31 日结账后“应收账款”账户所属各明细账户的期末借方余额合计 450 000 元，贷方余额合计 22 000 元，对应收账款计提的坏账准备为 50 000 元，假定“预收账款”账户所属明细账户无借方余额。中达公司 2022 年 12 月 31 日资产负债表中的“应收账款”项目金额为

$$450\ 000 - 50\ 000 = 400\ 000 \text{ 元}$$

⑤“应收款项融资”项目，反映资产负债表日以公允价值计量且其变动计入其他综合收益的应收票据和应收账款等。

⑥“预付款项”项目，反映企业按照购货合同规定预付给供应单位的款项，减去已计提的坏账准备后的净额。本项目应根据“预付账款”和“应付账款”两个账户所属各明细账户的期末借方余额合计，减去“坏账准备”账户中有关预付账款计提的坏账准备期末余额后的金额填列。如“预付账款”账户所属有关明细账户期末有贷方余额的，应在“应付账款”项目内填列。用计算公式表示如下：

“预付款项”项目 = ∑“应付账款”账户所属各有关明细账户的期末借方余额 + ∑“预付账款”账户所属各有关明细账户的期末借方余额 −“坏账准备”账户中有关预付账款计提部分期末余额

⑦“其他应收款”项目，反映企业除应收票据、应收账款、预付账款、应收股利、应收利息等经营活动以外的其他各项应收、暂付款项的净额。本项目应根据“其他应收款”总账账户的期末余额，减去“坏账准备”账户中有关其他应收款计提的坏账准备期末余额后的金额填列。

⑧“存货”项目，反映企业期末在库、在途和在加工中的各项存货的可变现净值，包括各种材料、商品、在产品、半成品、包装物、低值易耗品、分期收款发出商品、委托代销商品等。工程物资不属于企业的存货，而是属于非流动资产。本项目应根据“材料采购（在途物资）”“原材料”“周转材料”“库存商品”“委托加工物资”“生产成本”和“劳务成本”等账户的期末余额合计，减去“存货跌价准备”账户期末余额后的金额填列。材料采用计划成本核算，以及库存商品采用计划成本核算或售价核算的企业，还应按加或减材料成本差异、商品进销差价后的金额填列。

【例 3-15】 中达公司采用计划成本法核算材料，2022 年 12 月 31 日结账后有关账户余额为：“材料采购”账户余额为 140 000 元（借方）；“原材料”账户余额为 2 400 000 元（借方）；“周转材料”账户余额为 1 800 000 元（借方）；“库存商品”账户余额为 1 600 000 元（借

方）；“生产成本”账户余额为 600 000 元（借方）；“材料成本差异”账户余额为 120 000 元（贷方）；“存货跌价准备”账户余额为 210 000 元（贷方）。

中达公司 2022 年 12 月 31 日资产负债表中的“存货”项目金额为

140 000 + 2 400 000 + 1 800 000 + 1 600 000 + 600 000 − 120 000 − 210 000 = 6 210 000 元

⑨“合同资产”项目，按照《企业会计准则第 14 号——收入》（财会 [2017]22 号）的相关规定，企业应当根据本企业履行履约义务与客户付款之间的关系在资产负债表中列示的合同资产。“合同资产”项目应根据“合同资产”账户的相关明细账户期末余额分析填列。

⑩“持有待售资产”项目，反映资产负债表日划分为持有待售类别的非流动资产及划分为持有待售类别的处置组中的流动资产和非流动资产的期末账面价值。该项目应根据“持有待售资产”账户的期末余额，减去“持有待售资产减值准备”账户的期末余额后的金额填列。

⑪“一年内到期的非流动资产”项目，反映企业将于一年内到期的非流动资产的金额，包括一年内到期的长期待摊费用和一年内可收回的长期应收款。本项目应根据上述账户分析计算填列。

⑫“其他流动资产”项目，反映企业除以上流动资产项目外的其他流动资产。本项目应根据有关账户的期末余额填列。其他流动资产价值较大的，应在财务报表附注中披露其内容和金额。

⑬“债权投资”项目，反映资产负债表日企业以摊余成本计量的长期债权投资的期末账面价值。该项目应根据“债权投资”账户的相关明细账户期末余额，减去“债权投资减值准备”账户中相关减值准备的期末余额后的金额分析填列。自资产负债表日起一年内到期的长期债权投资的期末账面价值，在“一年内到期的非流动资产”项目反映。企业购入的以摊余成本计量的一年内到期的债权投资的期末账面价值，在“其他流动资产”项目反映。

⑭“其他债权投资”项目，反映资产负债表日企业分类为以公允价值计量且其变动计入其他综合收益的长期债权投资的期末账面价值。该项目应根据“其他债权投资”账户的相关明细账户的期末余额分析填列。自资产负债表日起一年内到期的长期债权投资的期末账面价值，在“一年内到期的非流动资产”项目反映。企业购入的以公允价值计量且其变动计入其他综合收益的一年内到期的债权投资的期末账面价值，在“其他流动资产”项目反映。

⑮“长期应收款”项目，反映企业持有的长期应收款的可收回金额。本项目应根据“长期应收款”账户的期末余额，减去“坏账准备”账户所属相关明细账户期末余额，再减去一年内可收回的部分与“未确认融资收益”账户期末余额后的金额，最终分析计算填列。

⑯“长期股权投资”项目，反映企业不准备在一年内（含一年）变现的各种股权性质的投资的账面余额，减去减值准备后的净额。本项目应根据“长期股权投资”账户的期末余额，减去提取的“长期股权投资减值准备”账户的期末余额后的金额填列。

⑰“其他权益工具投资”项目，反映资产负债表日企业指定为以公允价值计量且其变动计入其他综合收益的非交易性权益工具投资的期末账面价值。该项目应根据“其他权益

工具投资”账户的期末余额填列。

⑱“投资性房地产”项目，反映企业以投资为目的而拥有的土地使用权及房屋建筑物，以及房地产开发企业出租的开发产品的净值。成本计量模式下，本项目应根据“投资性房地产”账户的期末余额，减去“投资性房地产累计折旧”“投资性房地产减值准备”所属相关明细账户期末余额后的金额填列；公允价值计量模式下，本项目应根据“投资性房地产”账户的期末余额直接填列。

⑲“固定资产”项目，反映资产负债表日企业固定资产的期末账面价值和企业尚未清理完毕的固定资产清理净损益。该项目应根据“固定资产”账户的期末余额，减去“累计折旧”和“固定资产减值准备”账户的期末余额后的金额，以及“固定资产清理”账户的期末余额填列。

【例 3-16】 中达公司 2022 年 12 月 31 日结账后的“固定资产”账户余额为 1 000 000 元，“累计折旧”账户余额为 90 000 元，“固定资产减值准备”账户余额为 100 000 元。

中达公司 2022 年 12 月 31 日资产负债表中的“固定资产”项目金额为

1 000 000 − 90 000 − 100 000 = 810 000 元

⑳“在建工程”项目，反映资产负债表日企业尚未达到预定可使用状态的在建工程的期末账面价值和企业为在建工程准备的各种物资的期末账面价值。该项目应根据“在建工程”账户的期末余额，减去“在建工程减值准备”账户的期末余额后的金额，以及“工程物资”账户的期末余额，再减去“工程物资减值准备”账户的期末余额后的金额填列。

㉑“使用权资产”项目，反映资产负债表日企业持有的使用权资产的期末账面价值。该项目应根据“使用权资产”账户的期末余额，减去“使用权资产累计折旧”和“使用权资产减值准备”账户的期末余额后的金额填列。

㉒“无形资产”项目，反映企业持有的各项无形资产的净值。本项目应根据“无形资产”账户的期末余额，减去“累计摊销”“无形资产减值准备”等账户期末余额后的金额填列。

㉓“开发支出”项目，反映企业开发无形资产过程中发生的、能够资本化形成无形资产成本的支出。本项目应根据“研发支出”账户中所属的“资本化支出”明细账户的期末余额填列。

㉔“长期待摊费用”项目，反映企业尚未摊销的摊销期限在一年以上（不含一年）的各种费用，如租入固定资产改良支出、大修理支出以及摊销期限在一年以上（不含一年）的其他待摊费用。长期待摊费用中在一年内（含一年）摊销的部分，应在资产负债表“一年内到期的非流动资产”项目填列。本项目应根据“长期待摊费用”账户的期末余额减去将于一年内（含一年）摊销的数额后的金额填列。

㉕“递延所得税资产”项目，反映企业确认的递延所得税资产。本项目应根据“递延所得税资产”账户期末余额填列。

㉖“其他非流动资产”项目，反映企业除以上资产以外的其他长期资产。本项目应根据有关账户的期末余额填列。其他长期资产价值较大的，应在附注中披露其内容和金额。

(2) 负债类主要项目的内容和“期末余额”栏的填列方法。

①“短期借款”项目，反映企业向银行或其他金融机构等借入尚未归还的一年期以下

(含一年)的借款。本项目应根据“短期借款”总账账户期末余额填列。

【例 3-17】 中达公司 2022 年 3 月 1 日向银行借入一年期借款 320 000 元，向其他金融机构借款 230 000 元，无其他短期借款业务发生。

中达公司 2022 年 12 月 31 日资产负债表中的“短期借款”项目金额为

$$320\ 000 + 230\ 000 = 550\ 000 \text{ 元}$$

②“交易性金融负债”项目，反映资产负债表日企业承担的交易性金融负债，以及企业持有的指定为以公允价值计量且其变动计入当期损益的金融负债的期末账面价值。该项目应根据“交易性金融负债”账户的相关明细账户的期末余额填列。

③“应付票据”项目，反映企业为了抵付货款等而开出、承兑的尚未到期付款的应付票据，包括银行承兑汇票和商业承兑汇票。本项目应根据“应付票据”账户的期末余额填列。

④“应付账款”项目，反映企业购买原材料、商品和接受劳务等而应付给供应单位的款项。本项目应根据“应付账款”和“预付账款”账户所属各有关明细账户的期末贷方余额合计填列。如“应付账款”账户所属各明细账户期末有借方余额应在本表“预付款项”项目内填列。用计算公式表示如下：

“应付账款”项目 = ∑“应付账款”账户所属各有关明细账户的期末贷方余额 + ∑“预付账款”账户所属各有关明细账户的期末贷方余额

⑤“预收款项”项目，反映企业按合同规定预收的款项。本项目应根据“预收账款”和“应收账款”账户所属各有关明细账户的期末贷方余额合计填列。“预收账款”账户所属有关明细账户有借方余额的，应在本表“应收账款”项目内填列。用计算公式表示如下：

“预收款项”项目 = ∑“应收账款”账户所属各有关明细账户的期末贷方余额 + ∑“预收账款”账户所属各有关明细账户的期末贷方余额

⑥“合同负债”项目，按照《企业会计准则第 14 号——收入》(财会 [2017]22 号)的相关规定，企业应根据本企业履行履约义务与客户付款之间的关系在资产负债表列示的合同负债。本项目应根据“合同负债”账户的相关明细账户的期末余额分析填列。

⑦“应付职工薪酬”项目，反映企业根据有关规定应付给职工的工资、职工福利、社会保险费、住房公积金、工会经费、职工教育经费、非货币性福利、辞退福利等各种薪酬。本项目应根据“应付职工薪酬”账户期末贷方余额填列。如“应付职工薪酬”账户期末为借方余额，以“—”号填列。

⑧“应交税费”项目，反映企业期末未缴、多缴或未抵扣的各种税费，包括增值税、消费税、企业所得税、资源税、土地增值税、城市维护建设税、房产税、城镇土地使用税、车船税、教育费附加、矿产资源补偿费等。企业代扣、代缴的个人所得税也通过本项目列示。企业所缴纳的税费不需要预计应交数的，如印花税、耕地占用税等，不在本项目列示。本项目应根据“应交税费”账户的期末贷方余额合计填列。如“应交税费”账户期末为借方余额，以“—”号填列。

⑨“其他应付款”项目，应根据“应付利息”“应付股利”和“其他应付款”账户的期末余额合计数填列。其中的“应付利息”仅反映相关金融工具已到期应支付但于资产负债表日尚未支付的利息。基于实际利率法计提的金融工具的利息应包含在相应金融工具的账面余额中。

⑩“持有待售负债”项目，反映资产负债表日处置组中与划分为持有待售类别的资产直接相关的负债的期末账面价值。该项目应根据“持有待售负债”账户的期末余额填列。

⑪“一年内到期的非流动负债”项目，反映企业承担的一年内到期的非流动负债，包括一年内到期的长期借款、长期应付款和应付债券。本项目应根据上述非流动负债账户的期末余额分析计算填列。

⑫“其他流动负债”项目，反映企业除以上流动负债以外的其他流动负债。本项目应根据有关账户的期末余额填列。其他流动负债价值较大的，应在财务报表附注中披露其内容及金额。

⑬“长期借款”项目，反映企业借入尚未归还的一年期以上(不含一年)的长期借款。本项目应根据“长期借款”账户的期末余额，减去一年内到期部分的金额填列。

【例 3-18】 中达公司长期借款情况如表 3-4-3 所示。

表 3-4-3　中达公司长期借款情况

借款起始日期	借款期限(年)	金额(元)
2021 年 1 月 1 日	3	1 000 000
2020 年 1 月 1 日	5	2 000 000
2019 年 6 月 1 日	4	1 500 000

该公司 2021 年 12 月 31 日资产负债表中“长期借款”项目金额为：

$$1\,000\,000 + 2\,000\,000 = 3\,000\,000 \text{ 元}$$

公司应当根据“长期借款”总账账户余额 4 500 000(1 000 000 + 2 000 000 + 1 500 000) 元，减去一年内到期的长期借款 1 500 000 元的结果作为资产负债表中“长期借款”项目的金额，即 3 000 000 元。一年内到期的长期借款 1 500 000 元应当填列在流动负债下“一年内到期的非流动负债”项目中。

注意：自资产负债表日起一年内到期，且企业不能自主地将清偿义务展期的长期借款部分应在流动负债类下的“一年内到期的非流动负债”项目内反映。

⑭“应付债券”项目，反映企业发行的、尚未偿还的各种长期债券的摊余价值。本项目应根据“应付债券”账户的期末余额，减去一年内到期的应付债券部分后的金额填列。

⑮“租赁负债”项目，反映资产负债表日企业尚未支付的租赁付款额的期末账面价值。该项目应根据“租赁负债”账户的期末余额填列。自资产负债表日起一年内到期应予以清偿的租赁负债的期末账面价值，在“一年内到期的非流动负债”项目反映。

⑯“长期应付款”项目，反映资产负债表日企业除长期借款和应付债券以外的其他各种长期应付款项的期末账面价值。该项目应根据“长期应付款”账户的期末余额，减去相关的“未确认融资费用”账户的期末余额后的金额，以及“专项应付款”账户的期末余额填列。

⑰“预计负债”项目，反映企业计提的各种预计负债的期末余额。本项目应根据“预计负债”账户的期末余额填列。

⑱“递延收益”项目，反映尚待确认的收入或收益。本项目核算包括企业根据政府

补助准则确认的、应在以后期间计入当期损益的政府补助金额，售后租回形成融资租赁的售价与资产账面价值差额等其他递延性收入。本项目应根据“递延收益”账户的期末余额填列。本项目摊销期限只剩一年或不足一年的或预计在一年内(含年)进行摊销的部分，不得归类为流动负债，仍在本项目中填列，不转入“一年内到期的非流动负债”项目。

⑲“递延所得税负债”项目，反映企业确认的递延所得税负债。本项目应根据递延所得税负债”账户期末余额分析填列。

⑳“其他非流动负债”项目，反映企业除以上非流动负债项目以外的其他非流动负债。本项目应根据有关账户的期末余额填列。其他非流动负债价值较大的，应在附注中披露其内容和金额。

(3) 所有者权益类主要项目的内容和“期末余额”栏的填列方法。

①“实收资本(或股本)”项目，反映企业各投资者实际投入的资本(或股本)总额。本项目应根据“实收资本(或股本)”账户的期末余额填列。

②“其他权益工具”项目，反映资产负债表日企业发行在外的除普通股以外分类为权益工具的金融工具的期末账面价值，并下设“优先股”和“永续债”两个项目，分别反映企业发行的分类为权益工具的优先股和永续债的账面价值。

③“资本公积”项目，反映企业资本公积的期末余额。本项目应根据“资本公积”账户的期末余额填列。

④“其他综合收益”项目，反映企业其他综合收益的期末余额。本项目应根据“其他综合收益”账户的期末余额填列。

⑤“专项储备”项目，反映高危行业企业按国家规定提取的安全生产费的期末账面价值。本项目应根据“专项储备”账户的期末余额填列。

⑥“盈余公积”项目，反映企业盈余公积的期末余额。本项目应根据“盈余公积”账户的期末余额填列。

⑦“未分配利润”项目，反映企业尚未分配的利润。本项目平时应根据“本年利润”账户和“利润分配”账户的余额计算填列；年终应根据“利润分配-未分配利润”明细账户余额填列。如为未弥补的亏损，在本项目内以“-”号填列。

小贴士

资产负债表“期末数”各项目的数字填列总结如下：

(1) 根据一个或几个总账账户的余额填列。根据相关总账账户余额直接填列的有：“短期借款”“应付票据”“应付职工薪酬”“应交税费”“其他应付款”“实收资本(或股本)”“资本公积”“盈余公积”等项目；在资产负债表中，某些项目涵盖范围广，则需根据几个总账账户的期末余额计算填列。根据几个总账账户的期末余额计算填列的有“货币资金”“未分配利润”等项目。

(2) 根据明细账账户的余额计算填列。部分项目涉及不同总账账户的内容，要根据相应几个总账账户所属部分明细账账户余额计算填列。如“应付账款”“预收账款”等项目。

(3) 根据总账账户和明细账账户的余额分析计算填列。部分项目按性质只反映某总分类账户余额的一部分，应该根据总账账户和明细账余额做相应扣减后填列。如“长期借款”和“应付债券”等项目。

(4) 根据有关账户余额减去其备抵账户余额后的净额填列。如“固定资产”“无形资产”“投资性房地产”“长期股权投资”“在建工程”等项目。

(5) 综合运用上述填列方法分析填列。如“应收账款”“预付账款”“存货”等项目。

【例 3-19】资产负债表中部分项目的“期末余额”需要根据有关总账账户的期末余额计算填列，包括 (　　)。

A. 货币资金

B. 固定资产

C. 未分配利润

D. 固定资产清理

【答案】AC

注意：“应收账款”“预付账款”“应付账款”“预收账款”等四个项目的填列，容易混淆，应注意区分掌握。

思考：资产负债表可以提供哪些信息？

任务三　利润表的编制

一、利润表的含义及作用

利润表属于动态报表，是反映企业在一定会计期间的经营成果的财务报表。

利润表的作用主要有：

(1) 反映一定会计期间收入的实现情况；

(2) 反映一定会计期间费用的耗费情况；

(3) 反映企业经济活动成果的实现情况，据以判断资本保值、增值等情况。

拓展：利润表能帮助报表使用者分析评价企业的盈利能力、企业的可持续发展能力。上市公司的投资者更为关注利润表反映的盈利水平，它是资本市场的“晴雨表”。

二、利润表的列报要求

利润表列报的基本要求如下：

(1) 企业在利润表中应当对费用按照功能分类，分为从事经营业务发生的成本费用、管理费用、销售费用和财务费用等。

(2) 利润表中至少应当单独列示反映下列信息的项目，但其他会计准则另有规定的除外。例如营业收入、营业成本、税金及附加、管理费用、销售费用、研发费用、财务费用、其他收益、投资收益、净敞口套期收益、公允价值变动损益、信用减值损失、资产减值损失、资产处置损益、营业外收入、营业外支出、所得税费用、净利润、其他综合收益等各项目分别扣除所得税影响后的净额、综合收益总额。

(3) 其他综合收益项目应当根据会计准则的相关规定分为以后不能重分类进损益的其他综合收益项目和以后将重分类进损益的其他综合收益项目两类列报。

(4) 在合并利润表中，企业应当在净利润项目之下单独列示归属于母公司所有者的损益和归属于少数股东的损益；企业在综合收益总额项目之下，应单独列示归属于母公司所有者的综合收益总额和归属于少数股东的综合收益总额。

三、利润表的格式

利润表的报表编号为“会企 02 表”。利润表通常包括表头和表体两部分。表头应列明报表名称、编表单位名称、财务报表涵盖的会计期间和人民币金额单位等内容；利润表的表体，反映形成经营成果的各个项目和计算过程。表体的格式一般有单步式和多步式两种。单步式利润表是将当期所有的收入列在一起，两者相减得出当期净损益。多步式利润表是通过对当期的收入、费用、支出项目按性质加以归类，按利润形成的主要环节列示一些中间性利润指标，如营业利润、利润总额、净利润。在我国，企业应当采用多步式利润表，将不同性质的收入和费用分别进行对比，以便得出一些中间性的利润数据，帮助使用者理解企业经营成果的不同来源。

【例 3-20】我国企业的利润表采用的是 (　　) 结构。

A. 单步式

B. 报告式

C. 账户式

D. 多步式

【答案】D

【解析】在我国，企业应当采用多步式利润表，将不同性质的收入和费用分别进行对比，以便得出一些中间性的利润数据，帮助使用者理解企业经营成果的不同来源。

利润由营业利润、利润总额和净利润三个层次构成。

我国企业利润表的格式如表 3-4-4 所示。

表 3-4-4　利　润　表

________年度　　　　会企 02 表

编制单位：　　　　　　　　　　单位：元

项　　目	本期金额	上期金额
一、营业收入		
减：营业成本		
税金及附加		
销售费用		
管理费用		
研发费用		

续表

项　　目	本期金额	上期金额
财务费用		
其中：利息费用		
利息收入		
加：其他收益		
投资收益（损失以“-”号填列）		
其中，对联营企业和合营企业的投资收益		
以摊余成本计量的金融资产终止确认收益（损失以“-”号填列）		
净敞口套期收益（损失以“-”号填列）		
公允价值变动收益（损失以“-”号填列）		
信用减值损失（损失以“-”号填列）		
资产减值损失（损失以“-”号填列）		
资产处置收益（损失以“-”号填列）		
二、营业利润（亏损以“-”号填列）		
加：营业外收入		
减：营业外支出		
三、利润总额（亏损以“-”号填列）		
减：所得税费用		
四、净利润（净亏损以“-”号填列）		
（一）持续经营净利润（净亏损以“-”号填列）		
（二）终止经营净利润（净亏损以“-”号填列）		
五、其他综合收益的税后净额		
（一）不能重分类进损益的其他综合收益		
（二）将重分类进损益的其他综合收益		
六、综合收益总额		
七、每股收益：		
（一）基本每股收益		
（二）稀释每股收益		

法定代表人：　　　　主管会计工作的负责人：　　　　会计机构负责人：

四、利润表的编制方法

（一）利润表的编制单位

编制单位为公章上的全称，如中资有限责任公司。“中资公司”等简写形式不正确。

（二）利润表的编制时间

编制日期以阿拉伯数字填写，格式为××××年度，如2016年度。

（三）利润表主要项目的填列

利润表将各项目分为“本期金额”和“上期金额”两栏填列，以便于使用者通过比较不同时期利润表的数据，掌握企业经营成果的变化情况及发展趋势。

1. “上期金额”栏的填列方法

“上期金额”栏应根据上年该期利润表“本期金额”栏内所列数字填列。如果上年该期利润表规定的各个项目的名称和内容同本期不一致，应对上年该期利润表各项目的名称和数字按本期的规定进行调整，填入利润表“上期金额”栏内。

2. “本期金额”栏的填列方法

利润表中“本期金额”栏反映各项目的本期实际发生数，下面介绍利润表各主要项目的内容和填列方法：

(1)“营业收入”项目，反映企业经营活动所确认的收入总额，主要包括主营业务收入和其他业务收入。本项目应根据“主营业务收入”和“其他业务收入”账户的发生额分析填列。

(2)“营业成本”项目，反映企业经营活动所发生的实际成本总额，主要包括主营业务成本和其他业务成本。本项目应根据“主营业务成本”和“其他业务成本”账户的发生额分析填列。

(3)“税金及附加”项目，反映企业经营活动应负担的消费税、城市维护建设税、资源税、土地增值税、教育费附加、房产税、城镇土地使用税、车船税和印花税等。本项目应根据“税金及附加”账户的发生额分析填列。

(4)“销售费用”项目，反映企业在销售商品过程中发生的包装费、广告费等费用和为销售本企业商品而专设的销售机构的职工薪酬、业务费等经营费用。本项目应根据“销售费用”账户的发生额分析填列。

(5)“研发费用”项目，反映企业进行研究与开发过程中发生的费用化支出，以及计入管理费用的自行开发无形资产的摊销。该项目应根据“管理费用”账户下的研究费用”明细账户的发生额，以及“管理费用”账户下的“无形资产摊销”明细账户的发生额分析填列。

(6)“管理费用”项目，反映企业为组织和管理生产经营活动而发生的各项费用。本项目应根据“管理费用”账户的发生额分析填列。

(7)“财务费用”项目，反映企业为筹集生产经营所需资金而发生的各项费用。本项目应根据“财务费用”账户的发生额分析填列。

(8)“其他收益”项目，反映计入其他收益的政府补助，以及其他与日常活动相关且计入其他收益的项目。本项目应根据“其他收益”账户的发生额分析填列。企业作为个人所得税的扣缴义务人，根据《中华人民共和国个人所得税法》，“收到的扣缴税款手续费，应作为其他与日常活动相关的收益在本项目中填列。”

(9)“投资收益”项目，反映企业以各种方式对外投资所取得的收益。本项目应根据“投资收益”账户的发生额分析填列。如为投资损失，本项目以“-”号填列。

(10)“净敞口套期收益”项目，反映净敞口套期下被套期项目累计公允价值变动转入当期损益的金额或现金流量套期储备转入当期损益的金额。本项目应根据“净敞口套期损益”账户的发生额分析填列；如为套期损失，本项目以“-”号填列。

(11)“公允价值变动损益”项目，反映企业确认的交易性金融资产、交易性金融负债以及采用公允价值模式计量的投资性房地产等公允价值变动形成的应计入当期损益的利得或损失。本项目应根据“公允价值变动损益”账户的发生额分析填列；如为变动损失，以“-”填列。

(12)“信用减值损失”项目，反映企业按照《企业会计准则第22号——金融工具确认和计量》(财会〔2017〕7号)的要求计提的各项金融工具信用减值准备所确认的信用损失。本项目应根据“信用减值损失”账户的发生额分析填列。

(13)“资产减值损失”项目，反映企业有关资产发生的减值损失。本项目应根据“资产减值损失”账户的发生额分析填列。

(14)“资产处置收益”项目，反映企业出售划分为持有待售的非流动资产(金融工具、长期股权投资和投资性房地产除外)或处置组(子公司和业务除外)时确认的处置利得或损失，以及处置未划分为持有待售的固定资产、在建工程、生产性生物资产及无形资产而产生的处置利得或损失。债务重组中因处置非流动资产(金融工具、长期股权投资和投资性房地产除外)产生的利得或损失和非货币性资产交换中换出非流动资产(金融工具、长期股权投资和投资性房地产除外)产生的利得或损失也包括在本项目内。本项目应根据“资产处置损益”账户的发生额分析填列；如为处置损失，本项目以“-”号填列。

(15)“营业利润”项目，反映企业实现的营业利润。如为亏损，本项目以“-”填列。

(16)“营业外收入”项目，反映企业发生的除营业利润以外的与企业日常活动无关的收益。本项目应根据“营业外收入”账户的发生额分析填列。

(17)“营业外支出”项目，反映企业发生的除营业利润以外的与企业日常活动无关的支出。本项目应根据“营业外支出”账户的发生额分析填列。

(18)“利润总额”项目，反映企业实现的利润。如为亏损，本项目以“-”号填列。

(19)“所得税费用”项目，反映企业根据所得税准则确认的应从当期利润总额中扣除的所得税。本项目应根据“所得税费用”账户的发生额分析填列。

(20)“净利润”项目，反映企业实现的净利润。如为亏损，本项目以“-”号填列。将年报中的净利润数字与“本年利润”账户结转到“利润分配——未分配利润”账户的数字相核对，可以检查报表编制和账簿记录的正确性。

(21)“其他综合收益的税后净额”项目，反映企业根据《企业会计准则》规定未在损益中确认的各项利得和损失扣除所得税影响后的净额。

(22)“综合收益总额”项目，反映企业净利润与其他综合收益(税后净额)的合计金额。

(23)“基本每股收益”和“稀释每股收益”项目，反映普通股股东每持有一股享有的企业利润或需承担的企业亏损。本项目应当反映根据每股收益准则的规定计算的金额。

小贴士

利润表中“本期金额”栏反映各项目的本期实际发生数，主要有直接填列和间接填列等方法。直接填列是根据各损益类账户的本期发生额填列；间接填列是根据相关项目计算分析填列，如“营业收入”“营业成本”“营业利润”“利润总额”和“净利润”等项目。

【例 3-21】下列各项中，编制动态财务报表的主要依据是（　　）。

A. 账户的期初余额

B. 账户的期末余额

C. 账户的期初、期末余额

D. 账户的本期发生额

【答案】D

【解析】利润表是动态报表，编制动态财务报表的依据是各账户的本期发生额。

思考：资产负债表和利润表如何体现勾稽关系？

任务四　现金流量表的编制

一、现金流量表的含义及作用

现金流量表是反映企业在一定会计期间现金或现金等价物流入和流出的财务报表。现金是指企业库存现金以及可以随时用于支付的存款，包括库存现金、银行存款和其他货币资金（如银行汇票存款、银行本票存款、信用卡存款、信用证保证金存款和存出投资款）等。但不包括不能随时支取的定期存款。

现金等价物是指企业持有的期限短、流动性强、易于转换为已知金额现金、价值变动风险很小的投资。期限短，一般是指从购买日起三个月内到期。现金等价物通常包括三个月内到期的债券投资等。

现金流量表是动态报表，通过现金流量表，有助于了解企业现金流量的影响因素；了解企业净利润的质量；评价企业的支付能力、偿债能力和周转能力；预测企业未来现金流量，为分析和判断企业的财务前景提供信息。

思考：什么是现金流量表，现金流量表可以提供哪些信息？

二、现金流量表的结构

现金流量表一般包括表首、正表和补充资料三部分。其中，表首部分列示报表名称、编制单位、编制日期、报表编号、货币名称、计量单位等内容。现金流量表的报表编号为“会企 03 表”；正表是现金流量表的基本部分，主要反映现金流量的分类和每一类现金流量的流入量和流出量；补充资料是对正表部分的补充，可以起到与主表进行核对，全面揭示企业理财活动的作用。

现金流量表采用报告式结构，以“现金流入－现金流出＝现金流量净额”的公式为基础，采取多步式，分为经营活动、投资活动和筹资活动，分项报告企业的现金流入量和流出量，最后汇总反映企业在某一期间现金及现金等价物的净增加额。我国企业现金流量表的具体格式如表 3-4-5 所示。

表 3-4-5　现金流量表

______年度　　　　会企 03 表

编制单位：　　　　单位：元

项　　目	本期金额	上年金额
一、经营活动产生的现金流量		
销售商品、提供劳务收到的现金		
收到的税费返还		
收到其他与经营活动有关的现金		
经营活动现金流入小计		
购买商品、接受劳务支付的现金		
支付给职工以及为职工支付的现金		
支付的各项税费		
支付其他与经营活动有关的现金		
经营活动现金流出小计		
经营活动产生的现金流量净额		
二、投资活动产生的现金流量		
收回投资收到的现金		
取得投资收益收到的现金		
处置固定资产、无形资产和其他长期资产收回的现金净额		
处置子公司及其他营业单位收到的现金净额		
收到其他与投资活动有关的现金		
投资活动现金流入小计		
购建固定资产、无形资产和其他长期资产支付的现金		
投资支付的现金		
取得子公司及其他营业单位支付的现金净额		
支付其他与投资活动有关的现金		
投资活动现金流出小计		
投资活动产生的现金流量净额		
三、筹资活动产生的现金流量		
吸收投资收到的现金		
取得借款收到的现金		
收到其他与筹资活动有关的现金		
筹资活动现金流入小计		
偿还债务支付的现金		
分配股利、利润或偿付利息支付的现金		

续表

项　　目	本期金额	上年金额
支付其他与筹资活动有关的现金		
筹资活动现金流出小计		
筹资活动产生的现金流量净额		
四、汇率变动对现金及现金等价物的影响		
五、现金及现金等价物净增加额		
加：期初现金及现金等价物余额		
六、期末现金及现金等价物余额		

法定代表人：　　主管会计：　　制表：　　报出时间：　　年　　月　　日

任务五　所有者权益变动表的编制

一、所有者权益变动表的含义及作用

所有者权益变动表是指反映构成所有者权益的各组成部分当期增减变动情况的财务报表。所有者权益变动表是动态报表，可以为报表使用者提供所有者权益总量增减变动的信息，能提供所有者权益增减变动的结构性信息，特别是能够让报表使用者理解所有者权益增减变动的根源。

所有者权益变动表在一定程度上体现了企业综合收益。综合收益是指企业在某一期间与所有者之外的其他人进行交易或发生其他事项所引起的净资产变动。综合收益的构成包括净利润和直接计入所有者权益的利得和损失两部分。其中，前者是企业已实现并已确认的收益，后者是企业未实现但根据会计准则已确认的收益。用计算公式表示如下：

综合收益 = 收入 − 费用 + 直接计入所有者权益的利得和损失

二、所有者权益变动表的结构

所有者权益变动表一般包括表首和正表两部分。表首部分列示报表名称、编制单位、编制日期、报表编号、货币名称、计量单位等内容。所有者权益变动表的报表编号为“会企 04 表”；正表部分至少应当单独列示反映下列信息的项目：

(1) 净利润；

(2) 直接计入所有者权益的利得和损失项目及其总额；

(3) 会计政策变更和差错更正的累积影响金额；

(4) 所有者投入资本和向所有者分配利润等；

(5) 按照规定提取的盈余公积；

(6) 实收资本 (或股本)、资本公积、盈余公积、未分配利润的期初和期末余额及其调节情况。

所有者权益变动表以矩阵的形式列示，横向列示导致所有者权益变动的交易或事项，即所有者权益变动的来源，对一定时期所有者权益的变动情况进行全面反映；纵向按照所有者权益各组成部分列示交易或事项对所有者权益各部分的影响。

我国企业所有者权益变动表的具体格式如表 3-4-6 所示。

表 3-4-6　所有者权益变动表

_______ 年度　　　　　会企 04 表

编制单位：　　　　　　　　　　　　　　　　　　　　单位：元

项　目	本年金额							上年金额						
项目	实收资本(或股本)	资本公积	减：库存股	其他综合收益	盈余公积	未分配利润	所有者权益合计	实收资本(或股本)	资本公积	减：库存股	其他综合收益	盈余公积	未分配利润	所有者权益合计
一、上年年末余额														
加：会计政策变更														
前期差错更正														
二、本年年初余额														
三、本年增减变动金额(减少以“−”填列)														
(一)综合收益总额														
(二)所有者投入和减少资本														
1. 所有者投入的普通股														
2. 其他权益工具持有者投入资本														
3. 股份支付计入所有者权益的金额														
4. 其他														
(三)利润分配														
1. 提取盈余公积														
2. 对所有者(或股东)的分配														
3. 其他														
(四)所有者权益内部结转														
1. 资本公积转增资本(或股本)														
2. 盈余公积转增资本(或股本)														
3. 盈余公积弥补亏损														
4. 设定受益计划变动额结转留存收益														
5. 其他综合收益结转留存收益														
6. 其他														
四、本年年末余额														

法定代表人：　　　　　主管会计：　　　　　制表：　　　　　报出日期：　　年　　月　　日

思考：所有者权益变动表可以为使用者提供哪些信息？

任务六　附　　注

一、附注的含义及作用

附注是财务报表不可或缺的组成部分，它是对资产负债表、利润表、现金流量表和所有者权益变动表等报表中列示项目的文字描述或明细资料，以及对未能在这些报表中列示项目的说明等。

附注与资产负债表、利润表现金流量表和所有者权益变动表等报表具有同等的重要性，是财务报表的重要组成部分。报表使用者了解企业的财务状况、经营成果和现金流量，应当全面阅读附注。

二、附注的内容

附注应当按照如下顺序披露相关内容：

（一）企业基本情况

(1) 企业注册地、组织形式和总部地址。

(2) 企业的业务性质和主要经营活动，如企业所处的行业、所提供的主要产品或服务、客户的性质、销售策略、监管环境的性质等。

(3) 母公司以及集团最终母公司的名称。

(4) 财务报告的批准报出者和财务报告批准报出日，或者以签字人及其签字日期为准。

(5) 营业期限有限的企业，还应当披露有关其营业期限的信息。

（二）财务报表的编制基础

企业应当根据《企业会计准则》的规定判断企业是否持续经营，并披露企业的财务报表是否以持续经营为基础编制。

（三）遵循《企业会计准则》的声明

企业应当声明编制的财务报表符合《企业会计准则》的要求，真实、完整地反映企业的财务状况、经营成果和现金流量等有关信息，以此明确企业编制财务报表所依据的制度基础。

如果企业编制的财务报表只是部分地遵循了《企业会计准则》，附注中不得作出这种表述。

（四）重要会计政策和会计估计

重要会计政策的说明包括财务报表项目的计量基础和在运用会计政策过程中所做的

重要判断等。重要会计估计的说明，包括可能导致下一会计期间内资产、负债账面价值重大调整的会计估计的确定依据等问题。

企业应当披露采用的重要会计政策和会计估计，并结合企业的具体实际披露其重要会计政策的确定依据和财务报表项目的计量基础，及其会计估计所采用的关键假设和不确定因素。

（五）会计政策和会计估计变更以及差错更正的说明

企业应当按照《企业会计准则第 28 号——会计政策、会计估计变更和差错更正》及会计应用指南的规定，披露会计政策和会计估计变更以及差错更正的有关情况。

（六）报表重要项目的说明

企业应当以文字和数字描述相结合、尽可能以列表的形式披露报表重要项目的构成或当期增减变动情况，并且报表重要项目的明细金额合计应当与报表项目金额相衔接。在披露顺序上，一般应当按照资产负债表、利润表、现金流量表和所有者权益变动表的顺序及其项目列示的顺序。披露费用按照性质分类的利润表补充资料可将费用分为耗用的原材料费用、职工薪酬费用、折旧费用、摊销费用等。

（七）其他需要说明的重要事项

其他需要说明的重要事项主要包括或有和承诺事项、资产负债表日后非调整事项、关联方关系及其交易等，具体的披露要求须遵循相关准则的规定。

（八）有助于报表使用者评价企业管理资本的目标、政策及程序的信息

通过资产负债表可以判断企业经营的“实力”，展示企业的“底子”(规模和状况)；通过利润表可以分析这种实力的盈利“能力”，展示企业的“面子”(财务形象)；通过现金流量表可以判断企业经营的“活力”，展示制约企业“日子”(生存的现金流)；通过所有者权益变动表可以预测企业未来经营的“潜力”，展示企业“份子”(股权结构的变化)。

利润表可以看作是对资产负债表中留存收益(盈余公积和未分配利润两个项目的合计数)金额当期变动原因的具体说明；现金流量表可以看作是对资产负债表中货币资金(在一些情况下也包含交易性金融资产)金额当期变动原因的具体说明；而所有者权益变动表则可以看作是对资产负债表中所有者权益金额当期变动原因的具体说明。因此，可以这样认为，原来四张表实际上是一张表，而最为核心的是资产负表，因为它可以全面、综合地展示企业财务状况的全貌。通过资产负债表分析，有助于分析者简括地分析和判断企业的财务状况。

三、附注的披露要求

(1) 附注披露的信息应是定量、定性信息的结合，从而能从量和质两个角度对企业经济事项进行完整的反映，也能满足信息使用者的决策需求。

(2) 附注应当按照一定的结构进行系统合理的排列和分类，有顺序地披露信息。由于附注的内容繁多，因此应按逻辑顺序排列。附注应分类披露，条理清晰，具有一定的组织

结构，以便于使用者理解和掌握，更好地实现财务报表的可比性。

(3) 附注相关信息应当与资产负债表、利润表、现金流量表和所有者权益变动表等报表列示的项目相互参照，有助于使用者联系相关联的信息，并从整体上更好地理解财务报表。

【课后思考】

简答题

1. 资产负债表可以提供哪些财务信息？
2. 资产负债表和利润表之间存在什么勾稽关系？
3. 所有者权益变动表可以为使用者提供哪些信息？
4. 举例说明哪些内容属于对企业情况异常重要，需要在附注中披露的。

项目五　账务处理程序

学习目标

(1) 了解各种账务处理程序的特点、步骤、优缺点及适用性。
(2) 掌握各种账务处理程序的具体应用方法。

导入案例

美之源日用品公司原来是一家小规模的生产企业，根据自身组织规模的大小、经济业务的性质和繁简程度，采用了记账凭证账务处理程序。经过几年的发展，该公司生产经营规模扩大，会计核算业务增多，你认为该公司应继续采用原账务处理程序还是改用其他账务处理程序?

任务一　了解账务处理程序

一、账务处理程序的含义及作用

（一）账务处理程序的含义

在会计核算方法体系中，设置会计科目和账户、复式记账、填制和审核会计凭证、登记账簿、成本计算、财产清查和编制会计报表等会计核算方法，在实际工作中并不是彼此孤立、互不联系的，而是紧密联系、环环紧扣、缺一不可的，将这些方法相互结合在一起，形成一个能够连续、系统、全面、综合地对各单位的经济活动进行会计核算和监督的系统，并据此开展各单位的会计核算工作。

账务处理程序又称为会计核算组织程序，是指会计凭证和账簿组织、记账程序和记账方法相互结合的方式。其中，账簿组织是会计处理程序的核心，它主要是指设置的凭证和账簿的种类、格式以及各种账簿之间的相互关系。记账程序是根据审核后的会计凭证登记成各种账簿，再根据账簿记录编制财务报表的工作程序。

具体地说，会计处理程序是指从审核原始凭证、填制记账凭证开始，到登记日记账、明细分类账和总分类账，再到编制财务报表的全过程组织程序和方法。

（二）会计处理程序的作用

科学合理的账务处理程序是正确组织会计核算工作的重要条件。确定科学合理的账务处理程序，对于准确、及时地提供系统而完整的会计信息具有十分重要的意义。

1. 有利于规范会计核算组织工作

会计核算工作需要会计部门和会计人员密切配合，有了科学合理的账务处理程序，会计机构和会计人员在进行会计核算的过程中就能够有序可循，按照不同的责任分工，有条不紊地处理好各个环节的会计核算工作。

2. 有利于保证会计核算工作质量

建立科学合理的账务处理程序，形成加工和整理会计信息的正常机制，是提高会计核算工作质量的重要保障。

3. 有利于提高会计核算工作的工作效率

按照既定的账务处理程序进行会计信息的处理，可以减少不必要的核算环节和手续，避免重复，保证会计信息整理、加工和对外报告的顺利进行，从而大大提高会计核算的工作效率。

二、账务处理程序的种类

（一）账务处理流程

在实际工作中，虽然各单位的业务性质不一样，组织规模大小各异，经济业务有繁简之别，选用的会计处理程序各不相同，但基本模式总是不变的。在各种会计核算程序中，填制会计凭证、登记会计账簿、编制会计报表是会计核算程序的三个基本环节，会计工作的流程如图 3-5-1 所示。账务处理的基本流程如下：

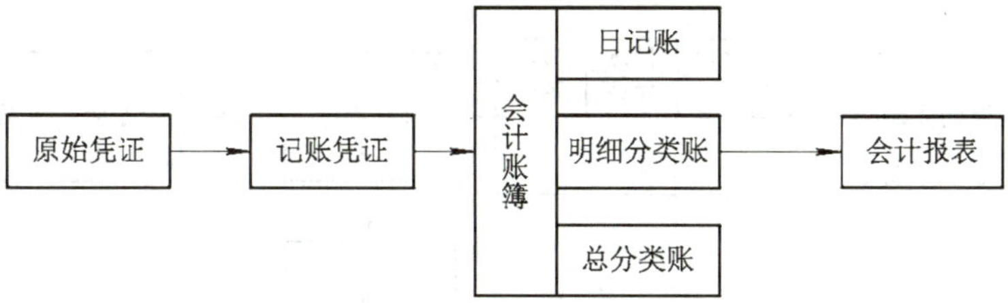

图 3-5-1　会计工作流程图

(1) 在审核分析原始凭证的合法性、合理性的基础上，编制记账凭证；

(2) 根据审核过的记账凭证及原始凭证登记相关日记账和明细分类账；

(3) 根据账簿中的总分类账和明细分类账编制会计报表，反映本单位财务状况、经营成果和现金流量等会计信息。

（二）账务处理程序的种类

由于各单位之间的经营特点、规模大小、经济业务繁简、经营管理的需要、会计人员的数量和素质以及会计核算中的核算手续等的不同，形成了多种账务处理程序。在我国，常用的账务处理程序主要有以下几种：

(1) 记账凭证账务处理程序；

(2) 科目汇总表账务处理程序；

(3) 汇总记账凭证账务处理。

这三种账务处理程序有许多共同点，但也有一些不同之处，其主要区别在于登记总分类账的依据和方法不同。

各单位应该从实际出发，结合本单位的经济业务特点和经济管理要求，选择适合自身特点的科学合理的账务处理程序。

任务二　了解记账凭证账务处理程序

记账凭证账务处理程序

一、记账凭证账务处理程序

记账凭证账务处理程序的基本特点是直接根据记账凭证逐笔登记总分类账。它是最基本的账务处理程序，其他账务处理程序都是以它为基础发展演化而来的。

在记账凭证账务处理程序下，记账凭证一般采用收款凭证、付款凭证和转账凭证三种专用记账凭证，也可采用通用记账凭证。会计账簿一般应设置特种日记账 (现金日记账和银行存款日记账)、总分类账和明细分类账。总分类账和日记账一般采用三栏式，明细分类账根据管理上的需要，可采用三栏式、多栏式和数量金额式等不同形式。

记账凭证账务处理程序的操作流程如图 3-5-2 所示。

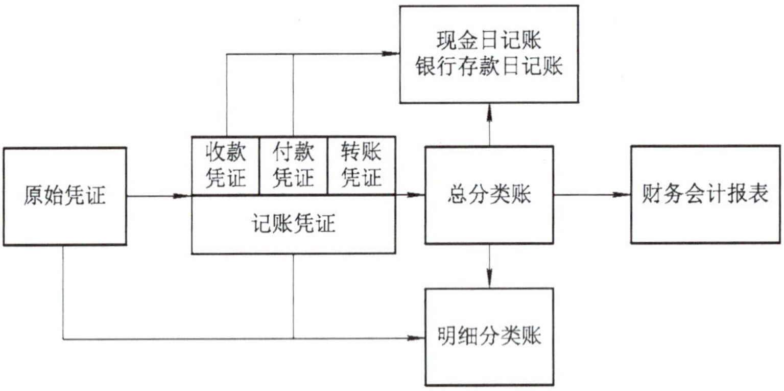

图 3-5-2　记账凭证账务处理程序

基本步骤如下：

(1) 根据审核无误的原始凭证填制记账凭证；

(2) 根据收付款凭证逐日逐笔登记库存现金日记账和银行存款日记账；

(3) 根据记账凭证逐笔登记总分类账；

(4) 根据记账凭证及所附的原始凭证，登记明细分类账；

(5) 定期将现金日记账、银行存款日记账余额和各种明细分类账的合计数分别与总分类账中有关账户的余额相核对；

(6) 期末，根据总分类账和明细分类账的记录编制财务报表。

【例 3-22】 朝阳公司 2022 年 12 月 1 日总账与所属明细账余额如表 3-5-1 所示。

表 3-5-1　期初余额表

资　产	金额（元）	负债及所有者权益	金额（元）
库存现金	1 000	短期借款	70 000
银行存款	87 200	应付账款 ——新民公司 ——利华公司	50 000 35 000 15 000
应收账款 ——东方公司 ——光明公司	36 000 12 000 24 000	应交税费 ——应交所得税	33 000
原材料	28 000	实收资本	300 000
生产成本	42 800		
库存商品	58 000		
固定资产	200 000		
资产总额	453 000	权益总额	453 000

朝阳公司 2022 年 12 月份发生下列经济业务：

1 日，收到宏达公司投入资金 50 000 元，款项存入银行。

3 日，向银行借入为期半年的借款 30 000 元，存入银行。

4 日，从银行提取现金 1 000 元，以备零用。

6 日，用银行存款归还之前欠新民公司的材料款 35 000 元。

7 日，收到东方公司之前欠的货款 12 000 元，存入银行。

8 日，向阳光公司购入 A 材料 6 000 千克，单价 14 元，货款计 84 000 元，增值税进项税额 14 280 元，款项以银行存款支付。

9 日，生产车间领用 A 材料 800 千克，计 11 200 元，用于甲产品生产。

10 日，向阳光公司购入的 A 材料已验收入库，按其实际采购成本转账。

15 日，以银行存款偿还之前欠利华公司货款 5 000 元。

18 日，购买一台不需安装的设备，价值 5 000 元，款项以银行存款支付。

20 日，向东方公司销售甲产品 260 件，每件售价 150 元，计 39 000 元，增值税销项税额 6 630 元，款项尚未支付。

21 日，向新民公司购入 A 材料 2 000 千克，单价 14 元，计 28 000 元，增值税税额 4 760 元，款项以银行存款支付。

23 日，收到东方公司之前欠的货款 39 000 元，已存入银行。

24 日，甲产品 100 件完工入库，每件单位成本 120 元，计 12 000 元。

25 日，以银行存款缴纳企业所得税 20 000 元。

记账凭证账务处理程序的操作流程如下：

第一步，根据原始凭证填制记账凭证。根据 12 月份发生的经济业务编制记账凭证表，以表 3-5-2 代替。

表 3-5-2　记账凭证汇总表

2022 年		凭证号数	摘要	借方		贷方	
月	日			账户名称	金额	账户名称	金额
12	1	银收 1	收到投入资本	银行存款	50 000	实收资本	50 000
12	3	银收 2	借入短期借款	银行存款	30 000	短期借款	30 000
12	4	银付 1	提现	库存现金	1 000	银行存款	1 000
12	6	银付 2	归还材料款	应付账款 ——新民公司	35 000	银行存款	35 000
12	7	银收 3	收回应收款	银行存款	12 000	应收账款 ——东方公司	12 000
12	8	银付 3	购入材料	在途物资——A 应交税费——应交增值税（进项）	84 000 14 280	银行存款	98 280
12	9	转账 1	生产领用材料	生产成本——甲	11 200	原材料——A	11 200
12	10	转账 2	材料验收入库	原材料——A	84 000	在途物资——A	84 000
12	15	银付 4	偿还欠款	应付账款 ——利华公司	5 000	银行存款	5 000
12	18	银付 5	购买设备	固定资产	5 000	银行存款	5 000
12	20	转账 3	销售产品，货款暂欠	应收账款 ——东方公司	45 630	主营业务收入 应交税费 ——应交增值税（销项）	39 000 6 630
12	21	银付 6	购入材料	在途物资——A 应交税费——应交增值税（进项）	28 000 4 760	银行存款	32 760
12	23	银收 4	收回应收款	银行存款	39 000	应收账款 ——东方公司	39 000
10	24	转账 4	完工产品入库	库存商品——甲	12 000	生产成本——甲	12 000
12	25	银付 7	交纳税费	应交税费 ——应交所得税	20 000	银行存款	20 000

第二步，根据记账凭证逐笔登记现金日记账和银行存款日记账，见表 3-5-3、表 3-5-4。

表 3-5-3　现金日记账

2022 年		凭证号数	摘要	对方账户	收入	支出	结余
月	日						
			期初余额				1 000
12	4	银付 1	提现	银行存款	1 000		2 000

表 3-5-4　银行存款日记账

2022 年		凭证号数	摘要	对方账户	收入	支出	结余
月	日						
			期初余额				87 200
12	1	银收 1	收到投入资本金	实收资本	50 000		137 200
12	3	银收 2	借入短期借款	短期借款	30 000		167 200
12	4	银付 1	提现	库存现金		1 000	166 200
12	6	银付 2	归还材料款	应付账款		35 000	131 200
12	7	银收 3	收回应收款	应收账款	12 000		143 200
12	8	银付 3	购入 A 材料	在途物资		84 000	59 200
				应交税费		14 280	44 920
12	15	银付 4	偿还欠款	应付账款		5 000	39 920
12	18	银付 5	购买设备	固定资产		5 000	34 920
12	21	银付 6	购入 A 材料	在途物资		28 000	6 920
				应交税费		4 760	2 160
12	23	银收 4	收回应收款	应收账款	39 000		41 160
12	25	银付 7	缴纳税费	应交税费		20 000	21 160

第三步，根据记账凭证逐笔登记总分类账，如表 3-5-5～表 3-5-17 所示。

表 3-5-5　账户名称：库存现金

2022 年		凭证号数	摘要	借方	贷方	借或贷	余额
月	日						
			期初余额			借	1 000
12	4	银付 1	提现	1 000		借	2 000

表 3-5-6　账户名称：银行存款

2022 年		凭证号数	摘要	借方	贷方	借或贷	余额
月	日						
			期初余额			借	87 200
12	1	银收 1	收到投入资本金	50 000		借	137 200
12	3	银收 2	借入短期借款	30 000		借	167 200
12	4	银付 1	提现		1 000	借	166 200
12	6	银付 2	归还材料款		35 000	借	131 200
12	7	银收 3	收回应收款	12 000		借	143 200
12	8	银付 3	购入 A 材料		84 000	借	59 200
					14 280	借	44 920
12	15	银付 4	偿还欠款		5 000	借	39 920
12	18	银付 5	购买设备		5 000	借	34 920
12	21	银付 6	购入 A 材料		28 000	借	6 920
					4 760	借	2 160
12	23	银收 4	收回应收款	39 000		借	41 160
12	25	银付 7	缴纳税费		20 000	借	21 160

表 3-5-7　账户名称：应收账款

2022年		凭证号数	摘要	借方	贷方	借或贷	余额
月	日						
			期初余额			借	36 000
12	7	银收 3	收回应收款		12 000	借	24 000
12	20	转账 3	销售产品，货款暂欠	45 630		借	69 630
12	23	银收 4	收回应收款		39 000	借	30 630

表 3-5-8　账户名称：在途物资

2022年		凭证号数	摘要	借方	贷方	借或贷	余额
月	日						
12	8	银付 3	购入 A 材料	84 000		借	84 000
12	10	转账 2	A 材料验收入库		84 000	借	0
12	21	银付 6	购入 A 材料	28 000		借	28 000

表 3-5-9　账户名称：原材料

2022年		凭证号数	摘要	借方	贷方	借或贷	余额
月	日						
			期初余额			借	28 000
12	9	转账 1	生产领用 A 材料		11 200	借	16 800
12	10	转账 2	A 材料验收入库	84 000		借	100 800

表 3-5-10　账户名称：库存商品

2022年		凭证号数	摘要	借方	贷方	借或贷	余额
月	日						
			期初余额			借	58 000
12	24	转账 4	完工产品入库	12 000		借	70 000

表 3-5-11　账户名称：固定资产

2022年		凭证号数	摘要	借方	贷方	借或贷	余额
月	日						
			期初余额			借	200 000
12	18	银付 5	购买设备	5 000		借	205 000

表 3-5-12　账户名称：生产成本

2022年		凭证号数	摘要	借方	贷方	借或贷	余额
月	日						
			期初余额			借	42 800
12	9	转账 1	生产产品，领用材料	11 200		借	54 000
12	24	转账 4	完工产品入库		12 000	借	42 000

表 3-5-13　账户名称：短期借款

2022 年		凭证号数	摘要	借方	贷方	借或贷	余额
月	日						
			期初余额			贷	70 000
12	3	银收 2	借入短期借款		30 000	贷	100 000

表 3-5-14　账户名称：应付账款

2022 年		凭证号数	摘要	借方	贷方	借或贷	余额
月	日						
			期初余额			贷	50 000
12	6	银付 2	归还材料款	35 000		贷	15 000
12	15	银付 4	偿还欠款	5 000		贷	10 000

表 3-5-15　账户名称：应交税费

2022 年		凭证号数	摘要	借方	贷方	借或贷	余额
月	日						
12	8	银付 3	期初余额			贷	33 000
			购入 A 材料	14 280		贷	18 720
12	20	转账 3	销售产品，货款暂欠		6 630	贷	25 350
12	21	银付 6	购入 A 材料	4 760		贷	20 590
12	25	银付 7	缴纳税金	20 000		贷	590

表 3-5-16　账户名称：实收资本

2022 年		凭证号数	摘要	借方	贷方	借或贷	余额
月	日						
			期初余额			贷	300 000
12	1	银收 1	收到投入资本金		50 000	贷	350 000

表 3-5-17　账户名称：主要业务收入

2022 年		凭证号数	摘要	借方	贷方	借或贷	余额
月	日						
12	20	转账 3	销售产品，货款暂欠		39 000	贷	39 000

第四步，根据记账凭证及所附的原始凭证，登记有关明细分类账（说明：由于明细分类账的内容与总分类账基本相同，本章暂不重复）。

第五步，定期将现金日记账、银行存款日记账余额和各种明细分类账余额的合计数分别与总分类账中有关账户的余额相核对。

第六步，编制总分类账本期发生额及期末余额试算平衡表，核对账户的余额是否平衡，见表 3-5-18。

表 3-5-18 试算平衡表

账户名称	期初余额		本期发生额		期末余额	
	借方	贷方	借方	贷方	借方	贷方
库存现金	1 000		1 000		2 000	
银行存款	87 200		131 000	197 040	21 160	
应收账款	36 000		45 630	51 000	30 630	
在途物资			112 000	84 000	28 000	
原材料	28 000		84 000	11 200	100 800	
生产成本	42 800		11 200	12 000	42 000	
库存商品	58 000		12 000		70 000	
固定资产	200 000		5 000		205 000	
短期借款		70 000		30 000		100 000
应交税费		33 000	39 040	6 630		590
应付账款		50 000	40 000			10 000
实收资本		300 000		50 000		350 000
主营业务收入				39 000		39 000
合计	453 000	453 000	480 870	480 870	499 590	499 590

第七步，月末，根据总分类账与明细分类账的记录编制财务会计报表。

二、记账凭证账务处理程序的优缺点

(1) 优点。直接根据记账凭证登记总分类账，简单明了，易于掌握，便于操作；总分类账可以详细地反映经济业务的发生和完成情况，便于查账。

(2) 缺点。登记总分类账的工作量较大，特别是经济业务较大的单位。

三、记账凭证账务处理程序的使用范围

记账凭证账务处理程序一般适用于规模较小，经济业务量较少的单位。

任务三　了解科目汇总表账务处理程序

一、科目汇总表账务处理程序

科目汇总表账务处理程序又称为记账凭证汇总表账务处理程序。其特点是，根据记账凭证定期编制科目汇总表，然后根据科目汇总表登记总分类账。

科目汇总表账务处理程序

在科目汇总表账务处理程序中，会计凭证及账簿的设置与记账凭证账务处理程序相同，既可以设置通用记账凭证，也可以设置收款凭证、付款凭证和转账凭证；此外，还设置三栏式现金日记账和银行存款日记账、三栏式总分类账及根据需要设置三栏式、数量金额式或多栏式的各种明细分类账。

科目汇总表账务处理程序如图 3-5-3 所示。

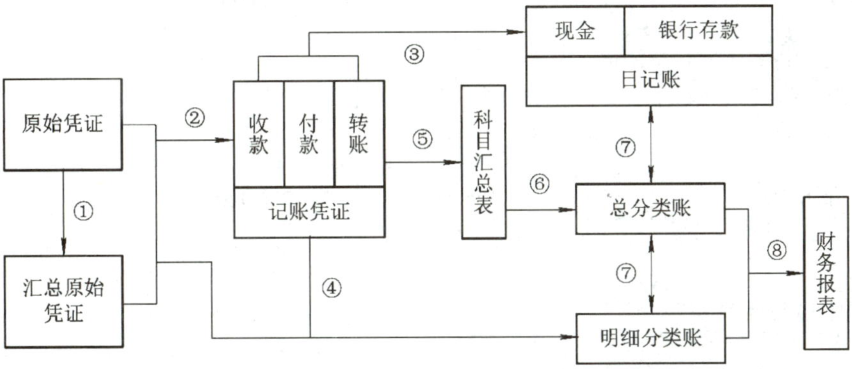

图 3-5-3　科目汇总表账务处理程序

具体步骤如下：

(1) 根据原始凭证填制记账凭证；

(2) 根据收款凭证、付款凭证逐笔登记现金日记账、银行存款日记账；

(3) 根据记账凭证定期编制科目汇总表；

(4) 根据科目汇总表登记总分类账；

(5) 根据记账凭证及所附原始凭证逐笔登记各种明细分类账；

(6) 定期将现金日记账、银行存款日记账余额以及各种明细分类账余额合计数分别与总分类账账户余额核对；

(7) 期末，根据总分类账和有关明细分类账的记录编制财务会计报表。

思考：对记账凭证账务处理流程与科目汇总表账务处理流程，二者在账务处理过程中有何不同？

【例 3-23】 科目汇总表的编制方法举例说明

第一，所用资料与前述记账凭证账务处理程序案例相同。现根据所编制的记账凭证，半月编制一次科目汇总表，如表 3-5-19、表 3-5-20 所示。

表 3-5-19　科目汇总表（一）

2022 年 12 月 1 日至 15 日　　　　汇字第 1 号

会计科目	总账页数	本期发生额		记账凭证起至号数
		借方	贷方	
库存现金	略	1 000		略
银行存款		92 000	139 280	
应收账款			12 000	
在途物资		84 000	84 000	
原材料		84 000	11 200	
生产成本		11 200		
短期借款			30 000	
应交税费		14 280		
应付账款		40 000		
实收资本				
合计		326 480	326 480	

表 3-5-20　科目汇总表（二）

2022 年 12 月 16 日至 31 日　　　　汇字第 2 号

会计科目	总账页数	本期发生额		记账凭证起至号数
		借方	贷方	
银行存款	略	39 000	57 760	略
应收账款		45 630	39 000	
在途物资		28 000		
库存商品		12 000		
生产成本			12 000	
固定资产		5 000		
应交税费		24 760	6 630	
主营业务收入			39 000	
合计		154 360	154 360	

第二，根据科目汇总表登记银行存款账户如表 3-5-21，其他账户略。

表 3-5-21　账户名称：银行存款

2020 年		凭证号数	摘要	借方	贷方	借或贷	余额
月	日						
12	1		期初余额			借	87 200
12	15	汇字 1 号	1 至 15 日汇总过入	92 000	139 280	借	39 920
12	31	汇字 2 号	16 至 31 日汇总过入	39 000	57 760	借	21 160
			本月合计	131 000	197 040	借	21 160

二、科目汇总表账务处理程序的优缺点

(1) 优点。根据科目汇总表登记总账，可以减少登记总分类账的工作量，并能及时发现记账过程中的差错，可以保证会计核算资料的质量。

(2) 缺点。由于科目汇总表本身只反映各科目的借、贷方发生额，无法表明账户之间的对应关系，因而不便于查对账目。

三、科目汇总表账务处理程序的适用范围

科目汇总表账务处理程序适用于规模较大、经济业务量较多的单位。

【课后思考】

简答题

1. 什么是账务处理程序？
2. 简述记账凭证账务处理程序的过程、特点及适用范围。
3. 简述科目汇总表账务处理程序的过程、特点及适用范围。

参考文献

[1] 全国人民代表大会常务委员会．中华人民共和国会计法 [M]．北京：法律出版社，1999.
[2] 中华人民共和国财政部．企业会计准则 [M]．北京：经济科学出版社，2006.
[3] 中华人民共和国财政部．会计档案管理办法讲解 [M]．北京：中国财政经济出版社，2016.
[4] 财政部会计资格评价中心．初级会计实务 [M]．北京：经济科学出版社，2021.
[5] 周晓苏． 会计学 [M]．北京：清华大学出版社，2013.
[6] 高香林． 基础会计 [M]．北京：高等教育出版社，2007.
[7] 赵丽生．会计基础 [M]．北京：中国人民大学出版社，2012.